RESILIENZ

Seelenschokolade

JULIA
COLELLA

RESILIENZ

Seelenschokolade

So meisterst du gelassen Ängste, Stress und Krisen

EMF

EIN BUCH DER
EDITION MICHAEL FISCHER

INHALT

HALLO UND HERZLICH WILLKOMMEN, LIEBE LESERIN, GUTEN TAG, LIEBER LESER,

in diesem Buch möchte ich dich dabei unterstützen, mehr Verbundenheit mit dir zu finden, loszulassen, was du nicht mehr möchtest, deine Energie zu erhöhen und transformierende Heilung in deinem Leben zu erfahren. Mir geht es dabei vor allem um eine „verkörperte Resilienz", damit meine ich, dass du die Resilienz in deinem Körper spüren kannst und dich widerstandsfähiger fühlst. Ich wünsche mir für dich, dass du dich gestärkt und in deinem Körper zu Hause fühlst, dass du dir selbst vertraust und achtsam mit dir umgehst.

Dazu werde ich verschiedene Übungen für dich anleiten. Ich möchte dir echte Erfahrungen schenken, Erfahrungen, die dich einen wirklichen Unterschied wahrnehmen lassen. Egal wie groß oder klein eine Veränderung zu sein scheint, wertschätze jeden Schritt, den du machst! Erkenne, wie großartig es ist, dass du dir diese Zeit für dich und dein Wohlbefinden nimmst!

Die Erhöhung deiner Achtsamkeit und die Steigerung deiner Körperintelligenz werden dazu führen, dass dein Körper immer mehr zu einem Wegweiser wird. Wenn du dich auf Achtsamkeitsübungen einlässt, sie wirken lässt und wiederholst, wirst du ein tieferes Verständnis für dich selbst und deinen Körper entwickeln. Du wirst beginnen, deinen Körper mehr zu schätzen. Du wirst vielleicht sogar über seine Weisheit erstaunt sein, die sich zeigt, sobald du ihm eine bestimmte Qualität der Aufmerksamkeit schenkst.

Dein Körper kann für dich ein Spiegel sein und dir so zeigen, ob deine Gedanken dich stärken oder eher sabotieren, ob deine Vorhaben dir Kraft rauben oder dich erfüllen und begeistern. Deine Körperwahrnehmung kann dir wie ein Kompass dienen, der in zwei verschiedene Richtungen zeigt: einerseits in Richtung Stress oder Angst, was zu Mutlosigkeit, Schwäche und Selbstzweifel führen kann, also zu weniger Resilienz. Andererseits kann er in Richtung kraftvolle Energie, Mut, Zuversicht und Hoffnung weisen, was deine Resilienz stärkt und sie erhöht.

In diesem Buch findest du nicht nur wertvolle Inhalte, sondern es gibt auch einen exklusiven Mitgliederbereich, der deine Resilienz zusätzlich stärken wird:

→ Tauche ein in geführte Meditationen, Yoga-Übungen und Atemtechniken, die dich dabei unterstützen, entspannter, resilienter und glücklicher zu sein.

→ Du kannst verschiedene Yoga-Programme wie Yin- oder Hatha-Yoga ausprobieren und genießen. Zusätzlich bieten wir ein Yoga-Programm für den Morgen oder den Abend an.

→ Freue dich auf Meditationen zum Einschlafen, zur Steigerung deines Selbstwertgefühls und zur Unterstützung deiner inneren Arbeit.

→ Führe angeleitete Atemübungen durch.

Besuche jetzt deinen Mitgliederbereich auf www.seelenschokolade.de und entdecke, wie du deine Resilienz auf eine interaktive und inspirierende Weise stärkst!

Lass dich begeistern und hab ganz viel Spaß dabei.

Viel Freude und Entspannung,

Julia

G

GRUNDLAGEN

Wenn du deine Intention klar definierst und bewusst verfolgst, kannst du deine Ziele effektiver erreichen und ein erfüllteres Leben führen. Es ist wichtig, dir Zeit zu nehmen, um deine wahren Wünsche und Ziele zu erkennen und zu formulieren. Im Grundlagenteil machen wir uns auf die Suche nach deiner Intention und verstehen, was Resilienz eigentlich bedeutet.

WIE AUSGEGLICHEN BIST DU? „DAS LEBENSRAD“-SELBSTCOACHING

Bevor ich dir Wege zu mehr Resilienz aufzeige, lohnt es sich, wenn du zunächst einen Blick darauf wirfst, wie resilient du momentan bist. Das Lebensrad, das ich dir dafür vorstelle, ist ein nützliches Werkzeug, um festzustellen, wie ausgeglichen dein Leben derzeit ist. Oft konzentrieren wir uns so stark auf bestimmte Aufgaben oder Projekte, dass andere Bereiche unseres Lebens vernachlässigt werden. Denk an den Workaholic, der seine Hobbys und Verpflichtungen außerhalb des Büros vergisst, oder die Perfektionistin, die Stunden damit verbringt, eine Aufgabe perfekt zu erledigen, und dabei andere wichtige Dinge außer Acht lässt. Mit dem Lebensrad kannst du deine aktuelle Situation klar erkennen und deine Ziele sowie Prioritäten herausarbeiten.

ÜBUNG

Überlege dir für jeden Bereich deines Lebens – wie Karriere, Familie, Gesundheit, Freizeit, Liebe usw. – wie zufrieden oder erfüllt du dich fühlst. Setze einen Punkt innerhalb des Rads, der diesen Bereich repräsentiert. Je näher der Punkt am äußeren Rand des Rads liegt, desto ausgeglichener ist dein Leben in diesem Bereich. Verbinde diesen Punkt mit den zwei äußeren Punkten und male die Fläche aus.

Nachdem du das Lebensrad ausgefüllt hast, betrachte es genau und überlege, welche Bereiche du verbessern und welche Ziele du erreichen möchtest. Dies kann dir helfen, Ziele zu setzen und Prioritäten zu erkennen, um ein ausgeglicheneres Leben zu führen.

LEBENSRAD

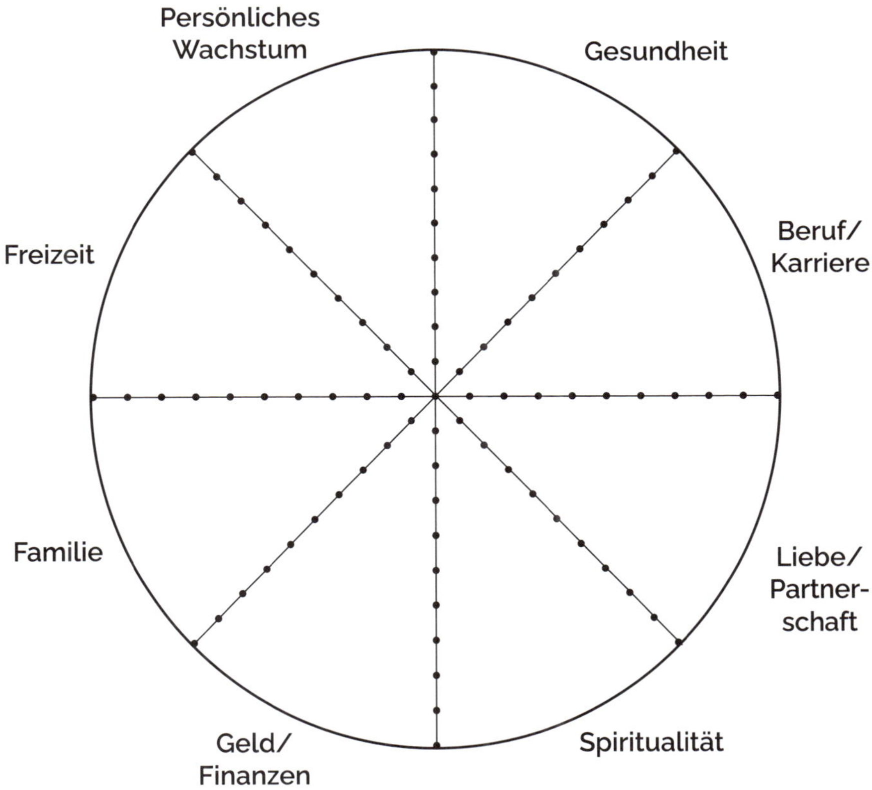
Persönliches Wachstum
Gesundheit
Beruf/ Karriere
Liebe/ Partner-schaft
Spiritualität
Geld/ Finanzen
Familie
Freizeit

WARUM ICH DIESES BUCH **GESCHRIEBEN HABE**

Es ist mir ein absolutes Herzensanliegen, mein Wissen und Können an dich weiterzugeben. Ich möchte dich mit diesem Buch in die Umsetzung bringen und dich daran erinnern, dass du wirklich alles in deinem Leben erreichen und kreieren kannst, was dir wichtig ist. Vielleicht bist du gerade in einer herausfordernden Situation. Wir neigen dann oft dazu, alles ein bisschen negativ zu sehen oder glauben, dass wir aus diesem Tal nicht mehr herauskommen, dass der Schmerz nicht aufhört. Doch! Das wird er! Der erste wichtige Schritt ist deine Entscheidung: „Ja, ich will heilen. Ich möchte da durchkommen. Ich will GANZ sein! Ich will glücklich leben, und ich bin bereit, alles dafür zu tun, was notwendig ist." Sei bereit dazu, alte Denkmuster, die dir nicht mehr dienen, hinter dir zu lassen. Sei offen dafür, einen neuen Weg zu gehen, neue Dinge auszuprobieren und eine neue Sichtweise zu betrachten.

Meine Lektorin sagte mal zu mir: „Julia, du bist eine der resilientesten Frauen in Deutschland. Du solltest darüber ein Buch schreiben." Sie hörte seit mehreren Jahren meinen Podcast „Seelenschokolade" und hatte mitbekommen, dass erst ganz am Ende meiner Schwangerschaft, bei der letzten Ultraschalluntersuchung, zufällig herausgefunden wurde, dass meine Tochter einen schweren Herzfehler hatte. Wäre dies nicht entdeckt worden, wären wir wohl beide bei der geplanten Hausgeburt gestorben.

2021 wurde ich 30 Jahre alt. An meinem 30. Geburtstag hatte ich alles, was ich mir immer gewünscht hatte: Ich war schwanger, in einer glücklichen Beziehung, ich hatte meine Freunde um mich, und mein Unternehmen lief fantastisch. Ich hatte tolle Kunden und mehr Einnahmen, als ich es mir jemals hätte vorstellen können. Während der Schwangerschaft habe ich noch die Veröffentlichung meines „ErfolgsMagnet"-Programms durchgezogen und zahlreichen Frauen geholfen, ebenfalls ein erfolgreiches Business mit ihrer Dienstleistung aufzubauen.

Zwei Tage nach meinem 30. Geburtstag brach meine Welt zusammen, als ich erfuhr, dass meine Tochter niemals gesund sein wird. Es ist wie eine Reise: Du machst dich auf den Weg, meisterst alle Hürden, aber kurz vor dem Erreichen deines Ziels wird dir klar, du wirst niemals ankommen. Keine Chance.

Drei unendlich lange Wochen kämpfte ich während der Weihnachtszeit 2021 um das Leben meiner Tochter. Es zerriss mich, ich nahm viel Gewicht ab, trotz Schwangerschaft. Am Ende konnte ich sie nicht retten, es war das Beste für sie, wieder Seele zu werden. Meine Tochter zu beerdigen, war das Schlimmste und Traurigste, was ich jemals verkraften musste.

Die Geburt war so schwer, dramatisch und erschöpfend – es war kaum noch etwas von mir übrig; dann verlor ich das Bewusstsein. Ich sah mich selbst in diesem Krankenhausbett liegen und beobachtete mich von der Ecke des Kreißsaals aus. Auf der einen Seite wollte ich auch wieder Seele sein, raus aus diesem schwierigen herausfordernden Leben. Auf der anderen Seite war da eine sanfte, liebevolle Stimme, die mich zurückrief und sagte, du wirst hier noch gebraucht. So ging ich zurück. Ich kämpfte mich zurück ins Leben.

Alles, was ich die Jahre davor darüber gelernt hatte, wie man Herausforderungen überwindet, half mir, mich langsam wieder zu erholen. Egal wie schlimm oder sogar lebensbedrohlich die Challenges in meinem Leben waren, ich habe immer wieder entschieden aufzustehen, weiterzugehen, zu lernen, zu heilen und mit meiner Lernerfahrung anderen zu helfen. Ich bin diejenige, die andere an die Hand nimmt. Ich bin eine Macherin. Ein Stehauffrauchen.

Das Leben ist ein bisschen wie ein Kartenspiel, manchmal bekommen wir gute Karten ausgeteilt. Mit guten Karten zu gewinnen, ist easy. Doch manchmal erhalten wir vom Leben richtige Scheißkarten. In diesen Momenten zeigt sich, wer wirklich stark und resilient ist. Ich fühle mich heute so stark wie noch nie. Ich freue mich, dass ich dir mit diesem Buch Unterstützung geben kann, egal wo du gerade stehst. Fühl dich in diesem Moment umarmt, geliebt und gehalten. Du bist wichtig und wertvoll.

Alles, was du bereits erlebt und durchgestanden hast, hat dich zu dem wundervollen Menschen gemacht, der du heute bist. Sei stolz auf dich. Vertrau dir. Geh weiter.

DEINE INNERE INTENTION

Du hast bewusst oder unbewusst zu diesem Buch über Resilienz gegriffen. Was hat dich dazu inspiriert? Was spricht dich an dem Thema an? Was wünschst du dir von diesem Buch für deine Lebensqualität oder für dein Wohlbefinden? Warum willst du es lesen?

Es ist so wertvoll, eine innere Intention zu setzen, vor allem wenn wir eine neue Sache beginnen. Denn unsere Intention richtet unseren Fokus – und damit unsere wertvolle Aufmerksamkeit – in eine bestimmte Richtung: Eine innere Intention ist ein bewusster und fokussierter Gedanke, eine Absicht oder ein Ziel, das man sich selbst setzt. Es ist ein innerer Entschluss, der darauf abzielt, eine klare Richtung für Handlungen, Entscheidungen und Emotionen zu schaffen. Eine Intention geht über bloße Wünsche hinaus. Sie ist eine bewusste Ausrichtung, die darauf abzielt, das eigene Verhalten und Denken in eine bestimmte Richtung zu lenken.

Eine solche Intention kann als ein innerer Kompass dienen, der dabei hilft, Klarheit zu schaffen und Prioritäten zu setzen. Deine Intention kann als Leitfaden dienen, um Ziele zu erreichen oder um in schwierigen Zeiten Kraft und Orientierung zu haben. Wenn man eine klare Intention setzt, lenkt man seine Aufmerksamkeit und Energie bewusst auf das, was einem wichtig ist, und schafft dadurch die Möglichkeit, seine Handlungen und Reaktionen entsprechend auszurichten. Das Setzen einer Intention erfordert Achtsamkeit und Selbstreflexion. Es ist ein Akt der Selbstbestimmung, der es einem ermöglicht, bewusster durch das Leben zu navigieren. Eine gut definierte Intention kann dabei helfen, die innere Resilienz zu stärken, indem sie einem als innerer Anker hilft, Herausforderungen zu bewältigen und einen positiven Weg zur Selbstentwicklung zu gehen.

Frage dich also: Was willst du für dein Leben? Was wünschst du dir für deine Gesundheit und für dein Wohlbefinden? Wie möchtest du dich in deinem Körper fühlen? Wie möchtest du dich fühlen, wenn du allein bist? Wie möchtest du dich in deinen Beziehungen fühlen? Wie möchtest du dich fühlen, nachdem du dieses Buch gelesen hast?

In den vielen Jahren, in denen ich jetzt schon als Psychologin und Mentorin mit Menschen zusammenarbeite, ist mir aufgefallen, dass mir die meisten sehr gut sagen können, was sie NICHT mehr wollen. Doch die wenigsten können mir sagen, WAS sie wollen. Das Ergebnis ist, dass sie noch mehr von dem bekommen, was sie nicht wollen.

Lass uns das drehen und diesen Kreislauf unterbrechen! Richte ab sofort deinen Blick auf das, WAS DU WILLST in deinem Leben. Richte deine Achtsamkeit auf das, was du bewusst in deinem Leben erschaffen möchtest. Wovon möchtest du MEHR kreieren? Mehr Liebe, Freude, Gesundheit, Leichtigkeit, Wohlstand, Verbundenheit oder mehr Selbstverwirklichung? Wofür möchtest du in deinem Leben ein Magnet sein, was möchtest du „magnetisch anziehen"? Wer darfst du sein, und was darfst du verkörpern, um das anzuziehen, was du dir von Herzen wünschst?

AUFGABE: SETZE DEINE INNERE INTENTION

Nimm dir jetzt Zeit, um deine Intention zu setzen: Was ist deine innere Intention, heute dieses Buch zu lesen? (Du siehst schon, ich bin eine große Freundin von Fragen, denn Fragen eröffnen uns einen neuen Raum, eine neue Perspektive ...)

Meine Intention:

___

___

___

___

___

STRESS IST DAS „NEUE ZIGARETTEN-RAUCHEN“.

Sind wir mal ehrlich: Wer hat heutzutage schon keinen Stress? Mir scheint es so, als wäre es normal geworden, gestresst zu sein und von einem Termin zum nächsten zu hetzen. Ist das nicht anstrengend?

Rund zwei Drittel der Deutschen würden sagen, dass sie häufig gestresst sind (Statista Research Department, 11.01.2024). Viele befinden sich in ihrem Hamsterrad, in dem sie jeden Tag aufs Neue ihre To-do-Liste abarbeiten, ohne sich die Zeit zu nehmen und zu reflektieren, ob sie so, wie sie leben, glücklich sind. Daher möchte ich dich mit diesem Buch dazu einladen, innezuhalten, zu fühlen, dich mit deinem Körper zu verbinden und ehrlich und aufrichtig zu reflektieren.

Die Achtsamkeit gegenüber dem eigenen Körper und die Fähigkeit, ihn zu fühlen und wahrzunehmen, sind von entscheidender Bedeutung für die mentale und körperliche Gesundheit. Zahlreiche wissenschaftliche Studien haben diese These untermauert und die positiven Auswirkungen auf unser Wohlbefinden belegt.

Eine Studie aus dem Jahr 2011, veröffentlicht in der Zeitschrift „Psychosomatic Medicine“ fand heraus, dass Achtsamkeitstraining dazu beiträgt, den Stresshormonspiegel im Körper zu senken. Dies ist von großer Bedeutung, da chronischer Stress mit zahlreichen Gesundheitsproblemen wie Herzerkrankungen, Depressionen und Angststörungen in Verbindung gebracht wird. Ein weiteres Forschungsergebnis, veröffentlicht in „Mindfulness“ im Jahr 2018, zeigt, dass Achtsamkeitspraktiken die Schmerzempfindung bei Menschen mit chronischen Schmerzen signifikant reduzieren können. Durch die bewusste Wahrnehmung und den achtsamen Umgang mit körperlichen Empfindungen können Schmerzen besser bewältigt werden. Darüber hinaus betont die Psychologie, dass das Bewusstsein für den eigenen Körper und die Fähigkeit, Emotionen und körperliche Empfindungen zu erkennen, grundlegend für die emotionale Intelligenz sind. Indem wir lernen, unsere körperlichen Reaktionen und Emotionen zu verstehen, sind wir besser in der Lage, mit Stress, Angst und anderen psychischen Belastungen umzugehen.

Wissenschaftliche Untersuchungen belegen, dass Achtsamkeit, Resilienz und die Fähigkeit, den eigenen Körper zu fühlen, nicht nur die körperliche Gesundheit fördern, sondern auch die mentale Gesundheit stärken. Dies macht sie zu einem unverzichtbaren Werkzeug zur Steigerung des Wohlbefindens und der Lebensqualität. – Mit diesem Buch erhältst du die wesentlichen Werkzeuge, um resilienter zu werden.

RESILIENZ HILFT DIR, IN STRESSIGEN SITUATIONEN **EINEN KLAREN KOPF ZU BEWAHREN**

Resilienz schenkt dir starke Wurzeln, die Halt bieten, wenn der Sturm des Lebens von außen hereinbricht. Wir alle erleben Krisen, Niederlagen, Verluste und Herzschmerz, aber wir unterscheiden uns darin, wie wir damit umgehen. Ebenso variieren unsere Schwerpunkte und Fokussierungen im Leben.

Resilienz – die Fähigkeit, sich von Herausforderungen nicht nur zu erholen, sondern daraus gestärkt hervorzugehen – ist eine Haltung, die jeder lernen kann. Wenn du auf unterhaltsame und freudvolle Weise deine Resilienz stärkst, fühlt sich das nicht wie harte Arbeit an. Das ist superwichtig! Denn alles, was wir spielerisch und mit Freude lernen, wird einfach und leicht geschehen. Leider ist das heute, in der Zeit des Selbstoptimierungswahns, nicht mehr selbstverständlich.

Entwickle Resilienz mit Freude! Persönliches Wachstum sollte Freude bereiten. Resilienz zu entwickeln, bedeutet nicht, hart an dir zu arbeiten, sondern neue Fähigkeiten zu entdecken, die dein Leben bereichern. Ich lade dich ein, diesen Prozess als eine Gelegenheit zu sehen, deine eigenen Grenzen mit einem Lächeln zu erweitern.

AUFGABE: REFLEKTIERE DEINE SITUATION

Nimm dir an dieser Stelle einen Moment Zeit, um darüber nachzudenken, worauf du derzeit in deinem Leben deinen Fokus legst. Bedenke, dass dorthin, wohin dein Fokus gerichtet ist, auch deine Energie fließt. Wohin möchtest du deine Energie gern fließen lassen? Du kannst das Buch kurz beiseitelegen und für dich reflektieren, wohin du deinen Fokus und deine wertvolle Lebensenergie lenken möchtest. Nutze die folgenden Fragen zur Reflexion deiner persönlichen Situation. Nimm dir z. B. heute Abend Zeit dafür, diese Fragen schriftlich zu beantworten:

? Was ist wirklich, wirklich wichtig für dich?

? Was möchtest du in deinem Leben fördern? Welche Anziehungskraft möchtest du entwickeln? Wofür möchtest du wie ein Magnet sein?

? Worauf möchtest du deinen Fokus ausrichten?

? Wo findest du Kraft, Vertrauen und Optimismus, trotz allen Herausforderungen und Veränderungen in deinem Leben?

? Was schenkt dir Freude?

? Wo kannst du auftanken? Was gibt dir immer wieder Kraft und Energie?

WIE STEHT ES MIT DEINER RESILIENZ?

Im Folgenden stelle ich dir vier Reflexionsfragen, die es dir ermöglichen, auf einer Skala von 0 bis 100 % einzuschätzen, wie ausgeprägt deine Resilienz ist. Je höher deine Prozentzahl ist, desto besser ist deine Widerstandsfähigkeit gegenüber Herausforderungen ausgeprägt. Es ist wichtig, dass du bei der Beantwortung dieser Fragen ehrlich zu dir selbst bist, um ein realistisches Bild zu erhalten.

1. Wie gut kannst du dich an unerwartete Veränderungen anpassen?

0 % – Ich finde es sehr schwierig und vermeide Veränderungen.

100 % – Ich passe mich schnell an und sehe Veränderungen als Chance.

0% 100%

2. Wie schnell erholst du dich emotional von Rückschlägen?

0 % – Es dauert sehr lange, bis ich mich von Rückschlägen erhole.

100 % – Ich erhole mich schnell und lerne aus den Ereignissen.

0% 100%

3. Wie effektiv managst du Stress in herausfordernden Situationen?

0 % – Ich fühle mich oft überwältigt und kann nicht gut damit umgehen.

100 % – Ich behalte auch unter Druck einen klaren Kopf.

0% 100%

4. Wie fühlst du dich emotional, wenn du mit einer Krise konfrontiert wirst?

0 % – Ich fühle mich emotional instabil und manchmal mutlos.

100 % – Ich bleibe emotional kraftvoll und habe ein Gefühl der Hoffnung.

0% 100%

DIE MEISTEN MENSCHEN ÜBERSCHÄTZEN IHRE RESILIENZ

Resilienz, die Fähigkeit, sich von Schwierigkeiten zu erholen und trotz widriger Umstände positiv zu bleiben, wird oft missverstanden. Menschen neigen dazu, ihre eigenen Fähigkeiten positiver einzuschätzen als sie in Realität sind. Diese Überschätzung kann gefährlich sein, da sie dazu führen kann, dass notwendige Unterstützungsmaßnahmen oder persönliche Weiterentwicklungen vernachlässigt werden.

Bei einer Studie zur Selbsteinschätzung der Resilienz gaben 83 % der Befragten an, dass sie sich als resilient betrachten. Doch eine genauere Überprüfung der tatsächlichen Resilienzwerte zeigte, dass lediglich 57 % der Teilnehmer tatsächlich die Kriterien für Resilienz erfüllten. Diese Diskrepanz deutet darauf hin, dass viele Menschen ihre Fähigkeit, mit stressigen und herausfordernden Situationen umzugehen, überschätzen.

Die Studie verdeutlicht die Notwendigkeit, ein genaueres Verständnis und Bewusstsein für die eigene Resilienz zu entwickeln. Es ist wichtig, nicht nur zu glauben, dass man resilient ist, sondern auch die Fähigkeiten und Strategien zu erlernen und zu üben, die tatsächlich zu einer hohen Resilienz führen. Hierzu gehören unter anderem die Fähigkeit zur Selbstreflexion, zur emotionalen Regulierung, das Suchen und Annehmen von sozialer Unterstützung sowie die Entwicklung von Problemlösungsstrategien. Ist Resilienz angeboren? Nein. Es gibt kein Resilienz-Gen. Wir lernen Resilienz im Laufe unseres Lebens.

Die gute Nachricht: Du kannst jetzt an deiner Resilienz arbeiten. Resilienz ist die Fähigkeit von Menschen, auf schwierige Lebenssituationen, Stress und Anforderungen flexibel zu reagieren. Wenn man stressige, herausfordernde Lebensphasen ohne nachhaltigen psychischen Schaden gut übersteht, dann gilt man als resilient. Das Wort kommt aus dem Lateinischen „resilire" und bedeutet abprallen, zurückspringen. Stell dir mal einen Gummiball vor, der mit voller Wucht gegen eine Wand geschmettert wird. In dem Moment des Aufpralls ist er eingedellt, doch danach nimmt er wieder seine ursprüngliche Form an.

Wenn du in einer schwierigen Lebenssituation bist, dein Körper sowie deine Psyche es aber hinbekommen, dich wieder auszurichten, zu sammeln und weiterzugehen – das ist Resilienz. Es ist sogar möglich, nicht nur in die ursprüngliche Form zurückzukehren, sondern auch gestärkt aus Krisen herauszukommen. Du kannst an schwierigen Situationen wachsen. Resilienz ist somit extrem wichtig für unsere emotionale Gesundheit.

In jungen Jahren, wenn sich unsere Persönlichkeit bildet, ist es hilfreich, gewisse Dinge für mehr Resilienz mitzubekommen, wie einen hohen familiären Rückhalt sowie ein positives Selbstwertgefühl. Wohingegen sich Gewalt in der Kindheit oder ein Aufwachsen in Armut eher negativ auf die Resilienz auswirken.

Resilienz wird durch eine Kombination von Faktoren beeinflusst, darunter persönliche Eigenschaften, Erfahrungen und soziale Unterstützungssysteme.

Einflussreiche Faktoren sind:

1. **Familiärer Rückhalt:** Eine unterstützende Familie gibt Sicherheit und Geborgenheit.
2. **Positives Selbstwertgefühl:** Ein gesundes Selbstbewusstsein hilft, Herausforderungen zu bewältigen.
3. **Soziale Unterstützung:** Freunde und Gemeinschaften bieten emotionale und praktische Hilfe.
4. **Problemlösungsfähigkeiten:** Die Fähigkeit, Probleme zu analysieren und Lösungen zu finden.
5. **Emotionale Regulation:** Strategien zur Stressbewältigung und der Umgang mit eigenen Gefühlen.

Resilienz ist eine dynamische Fähigkeit, die durch bewusste Anstrengung und Lernprozesse im Laufe des Lebens gestärkt werden kann.

Was passiert ist, ist passiert, doch was kannst du nun tun, um deine Resilienz zu stärken?

Toolkit für Resilienz – Erstelle einen Werkzeugkoffer für dich (er kann über die Zeit wachsen):

→ Pflege soziale Kontakte

→ Entwickle ein positives Selbstbild

→ Lerne Problemlösungsstrategien

→ Übe emotionale Regulation

→ Suche nach unterstützenden Gemeinschaften

→ Kuschle mit den Kindern, Freunden oder dem Partner

→ Praktiziere regelmäßig Atemübungen

→ Gehe regelmäßig in die Natur – wenn du keinen Wald in der Nähe hast, kannst du in den Park gehen

01

INTUITION UND TRANSFORMATION

Intuition ist die leise, aber kraftvolle innere Stimme, die uns leitet, ohne dass wir genau wissen, wie oder warum. Sie hilft uns, Entscheidungen zu treffen und Wege zu finden, die nicht immer logisch oder rational erscheinen, aber oft genau das sind, was wir brauchen, um unsere Transformation zu beginnen.

ZUFALL: ES FÄLLT DIR ZU, WAS FÄLLIG IST.

Ich denke, es ist kein Zufall, dass du jetzt dieses Buch liest. Etwas hat dich zu diesem Buch geführt. Etwas in dir reagiert auf meine Worte. Dein Körper und deine Intuition haben dir schon oft den richtigen Weg gezeigt. Hast du deinem Körper vertraut? Hast du aufmerksam auf deine Intuition gehört? Oder hast du wieder einmal deinen Verstand entscheiden lassen? Bist du vielleicht über deine eigenen Grenzen hinausgegangen, hast dich verausgabt oder bist sogar regelrecht ausgebrannt?

Bitte verurteile dich an dieser Stelle nicht. Atme tief durch und nimm einfach wahr, was ist.

AUFGABE: DEIN NEUER FOKUS

? Was wäre, wenn du heute die Entscheidung triffst und aufrichtig beschließt, deinen Fokus ab sofort auf deine Gesundheit, dein Wohlbefinden und deine Resilienz zu legen?

? Was würde diese Entscheidung für einen Unterschied in den nächsten Wochen, Monaten und Jahren in deinem Leben machen?

? Was wäre, wenn du ab jetzt Resilienz zu deinem persönlichen Projekt machst? Was wäre, wenn du deinen Fokus auf dich und deine Heilung legst? Wie viel mehr Liebe, Wertschätzung und Anerkennung darfst du dir heute schenken?

HÖRE AUF DEINE INTUITION & VERTRAUE DEINEN SPONTANEN IMPULSEN

Deine Intuition ist diese leise Stimme in dir, der allererste sanfte Impuls, eine intuitive spontane Eingebung oder ein sanftes Gefühl, etwas zu tun oder sein zu lassen. Frage dich: Wie kann ich in meinem Leben und in meinem Alltag mehr Raum kreieren, um meiner Intuition zu lauschen und sie wahrzunehmen? Was wäre, wenn du ab heute deiner Intuition und dir selbst vertraust?

Wie viel mehr darfst du deiner inneren Führung vertrauen?

Vielleicht fragst du dich jetzt, wie du einen besseren Zugang zu deiner Intuition findest. An der Stelle bin ich ehrlich mit dir: Wenn du von einem Termin zum nächsten hetzt und permanent nur Stress hast, dann hat deine Intuition keinen oder kaum Spielraum. Du darfst dir Zeit nehmen, dir Raum schaffen, um deiner Intuition zuzuhören.

Du kannst zum Beispiel einen Spaziergang machen, in die Natur gehen, ein Basenbad nehmen oder meine Lieblingsmethode anwenden: Journaling. Aufschreiben, was dich bewegt, dir selbst deine Fragen innerlich beantworten und vor allem dein Leben reflektieren. Ich schreibe fast jeden Tag in mein Journal/Tagebuch und kann dir von Herzen empfehlen, auch damit anzufangen, deine Gedanken und Gefühle aufzuschreiben.

AUF DIE INTUITION HÖREN: **DREI BEISPIELE**

Ich möchte dir gerne zwei positive Beispiele geben, wie das Hören auf meine Intuition zu Erfolg geführt hat, und ein negatives Beispiel, wo ich nicht auf meine Intuition gehört habe, was mich später Geld und Nerven gekostet hat.

Beispiel 1

VON DER IDEE ZUR REALITÄT: INTUITION ALS WEGWEISER ZUM ERFOLG

Ich habe mein Unternehmen am 11.11.2013 gestartet. Zu dem Zeitpunkt hatte ich meinen Abschluss in Wirtschaftspsychologie in der Tasche und war gerade auf dem Rückweg von meiner Hypnosetherapie-Ausbildung nach Hause. Ich war sehr begeistert, denn Hypnose hat mir geholfen, meine Prüfungs- und Vortragsangst loszuwerden sowie meine Spinnenphobie zu heilen. Auch konnte ich damit mein Selbstbewusstsein stärken und lernen, meine Selbstheilungskräfte zu aktivieren. Ich war unfassbar glücklich, wie du vielleicht herauslesen kannst.

Dann kam ein Impuls: Mache einen Post auf Facebook und biete Hypnose-Sitzungen an. Es war nur eine leise zarte Stimme. Ich hätte es zerdenken können mit „Was denken die anderen über mich?“ oder „Bin ich schon gut genug?“. Doch stattdessen folgte ich diesem Impuls einfach. Es meldeten sich daraufhin meine drei ersten Kund*innen, denen ich mit Hypnose geholfen habe, ihre Ängste loszulassen und zu mehr Selbstvertrauen und innerer Sicherheit zu finden.

Dieser Impuls führte dazu, das erste Mal meine Dienstleistung öffentlich anzubieten, mein Business zu starten und in den kommenden Jahren ein Millionen-Business aufzubauen.

Beispiel 2

INTUITIVE SCHRITTE ZUM ERFOLG: SO FINDEST DU KREATIVE LÖSUNGEN

Ich habe mein Business und mein Studium selbst finanziert und alles mit meiner Liebe und meinem Herzen aufgebaut. Das war eine Achterbahnfahrt mit schwankenden Einnahmen sowie einer Menge Ups and Downs. Zeitweise hatte ich kaum Geld, doch ein Business braucht natürlich auch Investments in Software, Hardware, Coaching, Mentoring und vieles mehr. Statt zu sagen „Dafür habe ich kein Geld", habe ich mich immer gefragt: „Wie kann ich mir das ermöglichen?" So habe ich mich auch damals gefragt: „Wie kann ich meine Internetseite möglich machen?" Es kam ein Impuls, jemanden anzusprechen, der IT-ler ist. Ich bot ihm an, ihn zu coachen und ihn bei der Erreichung seiner privaten und beruflichen Ziele zu unterstützen.

So bekam ich im Januar 2014 meine erste Internetseite und er das Selbstvertrauen, welches er sich immer gewünscht hatte. Mit diesem Selbstvertrauen sprach er seine Traumfrau an und sie sind inzwischen glücklich verheiratet. Er fragte mich damals: „Julia, was ist das, was du da machst? Die Leute kommen zu dir, sind beruflich oder privat unglücklich, und nach deinem Coaching sind sie glücklich und zudem noch deutlich erfolgreicher. Was ist das?" Es kam in mir sofort der Impuls, und ich antwortete ihm mit diesem Satz: „Das, was ich da mache, ist Schokolade für die Seele – Seelenschokolade." Er lächelte mich übers ganze Gesicht an und meinte: „Ja, genau das ist es."

So entstand damals meine Marke „Seelenschokolade". Ich schaute direkt nach, ob es das Wort schon irgendwo gibt, und fand nichts, daher ließ ich mir die Marke sofort beim deutschen Patent- und Markenamt schützen und sicherte mir die Domain: www.seelenschokolade.de.

Das waren zwei Geschichten, wie gut es ausgehen kann, wenn wir auf unsere Intuition hören. Wenn wir dem Impuls folgen: Impuls – jump – go! Wenn wir den Impuls nicht zerdenken, uns nicht zu viele Gedanken machen, sondern einfach sofort umsetzen.

Lege gerne das Buch an der Stelle beiseite – reflektiere mal über dein Leben:

? Wo bist du deinen spontanen Impulsen gefolgt?

? Was hat das Nachgehen deiner Impulse für Ergebnisse in dein Leben gebracht?

Beispiel 3

WAS PASSIEREN KANN, WENN WIR NICHT AUF UNSERE INTUITION HÖREN

Tja, und manchmal – das kennst du vielleicht auch – folgen wir unseren Impulsen nicht. Wir denken zu viel nach oder werden sogar manipuliert, eine andere Entscheidung zu treffen …

Die ersten Jahre meiner Selbstständigkeit arbeitete ich unfassbar viel. Das war für mich auch erst mal okay. Ich war Anfang 20 und hatte eine Menge Energie. Meine „wilden Jahre“ habe ich von 13 bis 19 ausgelebt und für mich herausgefunden, dass weder Alkohol noch Jedes-Wochenende-Partys-Feiern mich glücklich machen können, sondern dass es meine Aufgabe ist, im Inneren für mein eigenes Glück zu sorgen sowie mir im Außen das Leben meiner Wünsche zu erschaffen.

Ich war hoch motiviert, mein Leben selbstbestimmt zu verändern und meine beruflichen Ziele zu erreichen. So arbeitete ich meist sechs oder sieben Tage die Woche. Zwei Wochen im Monat arbeitete ich in einer Rehabilitationsklinik für Schmerzpatienten. Am Abend und am Wochenende lernte ich für mein Masterstudium. Die restlichen zwei Wochen des Monats gab ich Coachings, baute meine Selbstständigkeit auf und war als Trainerin bei Hypnoseausbildungen dabei. Für die Trainertätigkeit bekam ich kein Geld, lernte aber sehr viel über Hypnose und Gruppenpsychologie.

Im Laufe der Zeit und mit dem Verlust fast aller meiner Freundschaften (wer will schon mit einer Workaholic befreundet sein, die nur über ihre Berufung redet?!) kam aber doch immer mehr der Wunsch auf, wieder mehr Zeit für mich zu haben. Als ich mal wieder unbezahlt in Stuttgart war und als Trainerin die Hypnoseausbildung begleitete, kam dann zudem auch das erste Mal das Gefühl auf, dass ich ausgenutzt werde, dass ich von dem Veranstalter nicht genug wertgeschätzt werde. Er zahlte nicht mal meine Anreise und baggerte mich dann auch noch an. Dazu kam, dass die Coaching-Branche nicht immer so „happy & holy“ ist, wie sie scheint. Eine Bekannte in Stuttgart meinte, es würde am Abend noch ein Meetup für Selbstständige stattfinden und ich könne gerne vorbeikommen.

Ich ging zu diesem Meetup und lernte einen Mann kennen (ich nenne ihn mal X). Mein erster Impuls zu X war, dass er eine dunkle, unheimliche, irgendwie düstere Energie hat. Statt diesem Impuls zu folgen und mich sofort abzuwenden, hörte ich ihm allerdings aus Höflichkeit zu (wahrscheinlich aufgrund des Good-Girl-Syndroms, auf das ich ab Seite 34 eingehen werde).

Er zeigte mir Bilder von seinen Kindern und seiner Frau und lud mich ein, sie kennenzulernen, und bei Kindern schmilzt mein Herz. Das ist vermutlich mein wunder Punkt, den wir alle irgendwo haben. Er bot mir Hilfe bei der Erstellung meines ersten Onlinekurses und beim Start eines Podcasts an, damit ich wieder mehr Zeit für mich habe. Er war ganz begeistert von mir und meiner Arbeit und konsumierte alle Vorträge und Meditationen, die er von mir finden konnte. Ich lernte seine Frau und seine Kinder kennen. Wir starteten meinen ersten Podcast 2015, der schnell immer erfolgreicher wurde. Ich wurde zusehends gestresster und fühlte mich nicht wohl, irgendwas war komisch.

Meine Bekannte in Stuttgart meinte, ich hätte mich verändert, ich sei nicht mehr so fröhlich wie sonst. Sie stellte fest, wenn X in meiner Nähe sei, würde eine Art Schleier über mir liegen. Tatsächlich fühlte ich mich immer bedrängter. Ich hatte Essanfälle mit Schokolade und Nüssen. Es ging mir nicht gut. Statt weniger Arbeit wurde es immer mehr. Dann starb meine geliebte Oma Helene, die für mich wie eine Mutter war.

X zeigte keine Anteilnahme, obwohl ich ihn und seine Familie zuvor so viel unterstützt hatte. Stattdessen gab es immer mehr Zeichen, dass irgendwas nicht stimmt. Er erpresste mich, ihm Geld zu zahlen, sonst würde er meinen Podcast löschen. Doch ich wollte mich nicht erpressen lassen. Ich gab alles auf, was ich bis dahin aufgebaut hatte. Mein Podcast, meine Onlinekurse und alle Leads waren weg. Ich war traurig, enttäuscht und wütend, so einem Menschen vertraut zu haben. Aber: Ich hatte ihn enttarnt, es war das Ende der Täuschung.

Erkenntnis: Höre auf deine Intuition. Achte auf die Zeichen, die du wahrnimmst. Dann hörte ich eine Geschichte, die mir sehr viel Mut und Power gab, wieder von vorne anzufangen. Diese Geschichte möchte ich dir im Folgenden auf deinen Weg mitgeben.

DIE GESCHICHTE VOM NEUBEGINN

Es war einmal ein Mann namens Thomas, der mit großer Hingabe und Leidenschaft sein eigenes Haus gebaut hatte. Jeder Ziegelstein, jede Planke und jeder Nagel waren von ihm persönlich ausgewählt und platziert worden. Das Haus repräsentierte seine Träume, Hoffnungen und sein hartes Arbeiten über viele Jahre hinweg.

Eines Tages brach jedoch ein verheerender Brand aus und zerstörte das Haus vollständig. Thomas stand fassungslos vor den Trümmern seines geliebten Zuhauses. Alle Hoffnungen schienen verloren, und er fühlte sich von Verzweiflung überwältigt. Trotz des herben Verlustes weigerte sich Thomas, den Mut zu verlieren. Er erinnerte sich an die Lektionen, die er beim Bau seines ersten Hauses gelernt hatte. Die Erfahrungen, das Wissen und die Entschlossenheit, die er gesammelt hatte, waren immer noch in ihm vorhanden.

Entschlossen, sich nicht entmutigen zu lassen, beschloss Thomas, erneut zu beginnen. Er nutzte sein Wissen, seine Fähigkeiten und die Inspiration aus dem Verlust seines ersten Hauses, um ein neues, noch beeindruckenderes Zuhause zu bauen. Diesmal erweiterte er seine Vision, berücksichtigte die Fehler und Schwächen des vorherigen Hauses und integrierte verbesserte Techniken und Designelemente. Er investierte mehr Zeit in die Planung, achtete auf jedes Detail und wählte Materialien von noch höherer Qualität aus.

Nach Monaten harter Arbeit und unermüdlicher Anstrengungen stand ein neues Haus anstelle des alten. Dieses neue Haus war nicht nur ein Meisterwerk der Baukunst, sondern auch ein Symbol für Thomas' unbeugsamen Geist und seine Fähigkeit, aus Trümmern und Verlusten etwas Neues und Besseres zu schaffen.

Obwohl der Brand Thomas' erste Schöpfung zerstört hatte, hatte er ihn nicht gebrochen. Stattdessen hatte er Thomas gestärkt und ihm die Kraft gegeben, seine Träume wieder aufzubauen und ein noch beeindruckenderes Haus zu schaffen, das nicht nur aus Ziegeln und Mörtel bestand, sondern auch aus Hoffnung, Entschlossenheit und einem unerschütterlichen Glauben an sich selbst.

AUFGABE: DEINE GESCHICHTE

Die Geschichte vom Neuanfang verkörpert die Idee des Neubeginns nach einem Verlust und betont die Stärke und den Mut, aus Schwierigkeiten heraus neue und verbesserte Chancen zu schaffen. Reflektiere nun deine eigenen Geschichten:

? Was hast du in deinem Leben verloren?

? Wie bist du damit umgegangen?

? Was hast du daraus gelernt?

? Welche Stärken oder neuen Fähigkeiten hast du entwickelt?

DAS GOOD-GIRL-SYNDROM

Nun möchte ich noch, wie versprochen, auf das Good-Girl-Syndrom eingehen. Frage dich selbst einmal: Wie oft versuchst du, anderen zu gefallen? Wie oft machst du es anderen recht? Von Kindheit an wird Frauen beigebracht, lieb, brav und anständig zu sein. Dabei sind wir das nicht immer. Ich würde sogar so weit gehen zu behaupten: In jeder Frau steckt auch eine wilde Löwin.

Wie viel Platz gibst du der wilden, rebellischen Seite in dir? Ich lebe sie zum Beispiel gerne beim Sport aus, beim Boxen. Und auch bei Diskussionen halte ich mich nicht mehr zurück, sondern sage meine Meinung, ohne mir darüber Gedanken zu machen, ob mein Gegenüber mich dann noch mag oder vielleicht ablehnen könnte.

Mädchen werden dazu erzogen, hilfsbereit, freundlich und angepasst zu sein. Oft auf Kosten unserer Bedürfnisse, unserer eigenen Meinung und unserer verrücktesten, größten Ziele und Begierden. Diese Erwartungen können aus familiären, kulturellen oder gesellschaftlichen Einflüssen resultieren und sich stark auf das Selbstbild und Verhalten von Frauen auswirken.

Typische Merkmale des Good-Girl-Syndroms können sein:

→ Übermäßige Anpassung: Mädchen und Frauen passen sich den Erwartungen anderer an, um „lieb", „nett" oder „perfekt" zu sein. Dabei vernachlässigen sie ihre eigenen Wünsche und Bedürfnisse.

→ Konfliktvermeidung: Sie meiden oft Konfrontationen, um keine Unannehmlichkeiten zu verursachen oder als „unhöflich" oder „egoistisch" angesehen zu werden.

→ Selbstlosigkeit: Sie stellen die Bedürfnisse anderer über ihre eigenen und opfern ihre eigenen Ziele, um anderen zu helfen oder zu gefallen. Sie können nicht Nein sagen oder kritische Widersprüche äußern.

→ Angst vor Ablehnung: Sie haben Angst davor, nicht gemocht oder akzeptiert zu werden, wenn sie nicht den Erwartungen entsprechen.

→ Fehlende Selbstbestimmung: Ihr Handeln und ihre Entscheidungen werden stark von der Meinung und Zustimmung anderer beeinflusst, anstatt auf ihre eigenen Werte und Ziele zu hören.

Das Good-Girl-Syndrom kann zu einem geringen Selbstwertgefühl, Überlastung, emotionaler Erschöpfung und dem Gefühl der Unzulänglichkeit führen. Frauen schränken dann eventuell ihre eigenen Ambitionen oder Chancen ein, um den Erwartungen anderer gerecht zu werden.

AUFGABE: FINDE DEINE BALANCE – SEI EIN GANZER MENSCH

Versteh mich bitte nicht falsch, es ist nicht schlecht, freundlich und hilfsbereit zu sein. Doch wenn diese Eigenschaften auf Kosten des eigenen Wohlbefindens gehen und Frauen daran hindern, ihre eigenen Bedürfnisse zu erfüllen oder ihre eigenen Ziele zu verfolgen, kann dies zu einem Problem werden.

Ich möchte dich hiermit ermutigen, dich selbst zu achten und wertzuschätzen. Sei dir deiner Selbst und deiner Fähigkeiten bewusst. Setze Grenzen und kommuniziere sie deutlich, wenn nötig, auch mit Nachdruck. Und zwar, ohne dich schuldig zu fühlen! Du bist wertvoll. Du darfst deine Meinung frei äußern, und es ist okay, wenn andere damit nicht einverstanden sind.

? Wie sieht für dich ein perfektes Gleichgewicht zwischen Fürsorge für andere und Selbstfürsorge aus?

? Möchtest du ein ganzer oder ein guter Mensch sein? Nimm dir einen Moment Zeit, um über diese Frage nachzudenken.

Was ist dein intuitiver Impuls bei der Beantwortung dieser beiden Fragen und warum? – Viele Menschen, die ich das gefragt habe, antworteten mir, dass sie ein guter Mensch sein wollen. Die unbewusste Hoffnung dahinter ist oft die, es anderen recht zu machen, liebenswürdig zu sein – eben ein guter Mensch zu sein, um Anerkennung, Akzeptanz und Liebe von anderen zu erhalten.

Dies kann dazu führen, dass sich Menschen verpflichtet fühlen, sich bestimmten Verhaltensweisen anzupassen oder sich auf eine bestimmte Weise zu verhalten, um die Zustimmung und Zuneigung anderer zu gewinnen. Dieses Verhalten führt oft zu inneren Konflikten, bei denen die eigene Authentizität und Integrität auf der Strecke bleiben.

Im Coaching habe ich schon oft mitbekommen, dass Klient*innen sich über Jahre hinweg verstellt haben und ihre wahren Gefühle und Überzeugungen unterdrückten, um den Erwartungen anderer gerecht zu werden. Auf lange Sicht kann dies zu einem Gefühl der Unzufriedenheit und Frustration führen oder das Selbstwertgefühl senken.

Ein ganzer Mensch zu sein heißt, seine Schattenseiten anzunehmen, zu integrieren und authentisch im Einklang mit sich selbst nach den eigenen Werten zu handeln. Ein ganzer Mensch zu sein bedeutet, sich selbst anzunehmen, sich der eigenen Stärken und Schwächen bewusst zu sein und in Übereinstimmung mit den eigenen Werten und Überzeugungen zu leben. Es bedeutet, sich nicht ausschließlich von externen Urteilen oder Erwartungen leiten zu lassen, sondern aus der eigenen inneren Wahrheit heraus zu handeln.

Ich denke auch, dass „ganze Menschen" viel mehr für das Kollektiv bewirken können. Wenn du ganz bist, dann bist du bei dir und inspirierst andere aus deinem Herzen heraus. Ich selbst bin im Laufe der Jahre an den Punkt gelangt, dass die Erfüllung und das Glücklichsein eher in der Ganzheitlichkeit und Authentizität liegen als in der ausschließlichen Orientierung an der Vorstellung, ein guter Mensch im Sinne anderer zu sein. Ein ganzer Mensch zu sein bedeutet dabei nicht, egoistisch zu sein oder andere zu vernachlässigen, sondern vielmehr, sich selbst treu zu bleiben und aus dieser inneren Stärke heraus auch für andere da zu sein.

NUTZE REGELMÄSSIGES JOURNALING

Was viele von uns in Jugendtagen mit einem Tagebuch begonnen haben, ist noch immer ein gutes Mittel. Es hilft sehr, Unsicherheiten zu notieren, die wir mit uns herumtragen, und anschließend bewusst loszulassen und zu definieren, was wir wirklich wollen. Journaling ist das regelmäßige Aufschreiben von Gedanken, Gefühlen, Erfahrungen und Beobachtungen in einem Tagebuch oder Journal. Es kann in verschiedenen Formen praktiziert werden, einschließlich freiem Schreiben, Reflexionen über den Tag, dem Festhalten von Zielen oder dem Erkunden von Emotionen.

In der Schreibtherapie sagt man: „Durch die Hand aus deinem Kopf." Dies bezieht sich auf den therapeutischen Ansatz, dass das Schreiben als Ausdrucksform eine heilende Wirkung haben kann. Der Satz bedeutet, dass man durch das Schreiben Gefühle, Gedanken und Emotionen aus dem Kopf aufs Papier bringt. Das Schreiben kann helfen, innere Konflikte zu verarbeiten, Klarheit zu schaffen und Emotionen zu reflektieren.

Die Idee hinter dieser Form der Therapie ist, dass das Niederschreiben von Erlebnissen und Gefühlen dazu beiträgt, sie zu verarbeiten und einen klaren Kopf zu bekommen. Das Schreiben kann als Mittel zur Selbstreflexion dienen und ermöglicht, tiefere Einblicke in die eigenen Gedanken und Emotionen zu gewinnen.

Es gibt verschiedene Ansätze und Techniken in der Schreibtherapie, aber sie haben alle gemeinsam, dass das Schreiben als Werkzeug zur Förderung des emotionalen Wohlbefindens und zur Bewältigung von Herausforderungen genutzt wird.

DIE VORTEILE VON **JOURNALING**

Journaling hat verschiedene Vorteile für unsere psychische Gesundheit und das persönliche Wachstum. So kann es auch dabei helfen, widerstandsfähiger gegenüber stressigen oder belastenden Situationen zu werden, indem es verschiedene Mechanismen fördert:

Stressabbau: Das Schreiben in einem Tagebuch kann eine Art Ventil sein, um Emotionen auszudrücken und Stress abzubauen. Indem man Gedanken und Gefühle aufschreibt, kann man eine emotionale Entlastung erreichen.

Selbstreflexion: Journaling ermöglicht es, sich selbst besser kennenzulernen. Indem man regelmäßig über Ereignisse, Erfahrungen, Reaktionen nachdenkt, kann man ein tieferes Verständnis für sich selbst entwickeln. Dieses Bewusstsein kann helfen, Muster zu erkennen und zu verstehen, wie man in stressigen Situationen reagiert.

Klarheit und Lösungen finden: Das Schreiben kann helfen, Gedanken zu ordnen und Probleme zu analysieren. Indem man sich auf das Schreiben konzentriert, kann man oft neue Perspektiven entdecken oder Lösungen für Herausforderungen finden.

Emotionale Regulation: Journaling kann dabei helfen, Emotionen zu regulieren. Indem man positive Erfahrungen festhält oder negative Gedanken ausdrückt, kann man die emotionale Balance fördern und Stress reduzieren.

Journaling zur Stärkung deiner Resilienz: Resilienz bezieht sich auf die Fähigkeit, Herausforderungen zu bewältigen und sich von Rückschlägen zu erholen. Indem man regelmäßig Tagebuch schreibt und sich mit den eigenen Gedanken auseinandersetzt, kann man die Fähigkeit der Resilienz stärken, da man besser in der Lage ist, mit stressigen Situationen umzugehen und aus ihnen zu lernen.

DEINE GEFÜHLE UND **WÜNSCHE AUFSCHREIBEN**

Das Aufschreiben der eigenen Gefühle eignet sich hervorragend für das Ausbilden von Resilienz. Zwei Techniken empfehle ich dir an dieser Stelle:

1. Zum einen intuitives Schreiben, bei dem alles aufs Papier darf, was gerade im Kopf ist. Schreib einfach drauflos, es gibt keine Regeln, und es ist einfach nur für dich – durch die Hand aus dem Kopf. Befreie dich mit intuitivem Schreiben.

2. Die zweite Technik nenne ich „Entdecke dein Calling". Du definierst, was du in verschiedenen Bereichen deines Lebens erschaffen und leben willst. Damit arbeite ich auch im Coaching mit meinen Klient*innen sehr gerne. Was wir aufschreiben, ist wie ein innerer Vertrag mit uns selbst: Was ist dein Ziel? Was willst du? Was ruft dich? Es werden klare Ziele und Visionen für verschiedene Lebensbereiche festgelegt, sei es beruflich, persönlich oder in Bezug auf Beziehungen und Lebensstil. Es ermöglicht eine klare Darstellung dessen, was man erreichen möchte, und dient als ständige Erinnerung und Motivation, dieses Ziel zu verfolgen. Es ist sinnvoll, den Prozess der Definition des „Callings" regelmäßig zu überprüfen und gegebenenfalls anzupassen, da sich Interessen und Lebensumstände im Laufe der Zeit ändern können.

Als Nächstes kannst du einen Aktionsplan erstellen, der die Schritte und Maßnahmen umfasst, um dein „Calling" zu erreichen. Was kannst du für dein Ziel tun? Was darfst du loslassen, um dein Ziel zu erreichen? Dieser Plan kann helfen, konkrete Schritte zu definieren, um das gewünschte Ziel zu erreichen.

Ein innerer Vertrag mit sich selbst, der die eigenen Ziele, Werte und Bestrebungen festhält, kann dir als kraftvolles Werkzeug dienen, um die Motivation aufrechtzuerhalten und den Fokus auf das zu richten, was dir wirklich wichtig ist.

EMBODIMENT: VERKÖRPERUNG

Überlege dir mal, was du aktuell verkörperst und was du in Zukunft verkörpern möchtest. Ich persönlich wollte immer Gesundheit, Flexibilität, Inspiration, Erfolg mit Leichtigkeit und Freude verkörpern. Daher habe ich mir überlegt, was ich sein, tun und haben muss, um das in meinem Leben zu verkörpern:

→ Um Gesundheit zu verkörpern, mache ich Sport, ernähre mich zu 95 % gesund und naturnah, achte auf Pausen und genügend Schlaf.

→ Um Flexibilität zu verkörpern, mache ich regelmäßig Yoga und dehne mich nach dem Sport. Außerdem reagiere ich flexibel im Kopf auf äußere Veränderungen. Statt alles immer im Detail zu planen, frage ich mich vielmehr, in welcher Qualität ich mein Leben leben möchte und wie ich mich fühlen möchte. Dann achte ich darauf, wie ich mich fühle, wenn ich einer Tätigkeit nachgehe oder wenn ich einen Menschen treffe. Nach meinem Wohlbefinden richte ich so gut wie möglich meinen Kompass aus und achte darauf, wenn ich von meinem Kurs abgekommen bin und mich gestresst fühle, mich wieder zu regulieren – zum Beispiel mit einem Spaziergang oder Atemübungen (die du auch im Mitgliederbereich auf meiner Webseite findest). Wenn sich Dinge im Außen verändern, die ich nicht beeinflussen kann, wie zum Beispiel jemand sagt einen Termin 5 Minuten vorher ab, dann rege ich mich nicht auf, sondern überlege mir, wie ich die entstandene Zeit gut nutzen kann und mache was Schönes oder Produktives.

→ Um Erfolg mit Leichtigkeit und mentaler Klarheit zu verkörpern, habe ich Schritt für Schritt viele Aufgaben wie Administration, Steuersachen, Internetseiten bauen, Onlinemarketing oder Social-Media-Postings an meine Mitarbeiter*innen abgegeben.

Jeden Tag mache ich Sport, Yoga oder Atemübungen, nicht nur um meinen Körper zu stärken, sondern auch um meine mentale Klarheit zu fördern und für mehr Energie und Ausdauer, um die Herausforderungen des Unternehmertums zu meistern. Denn ich glaube fest daran, dass die Verkörperung von Gesundheit und innerer Ausgeglichenheit essenziell ist, um Ziele zu erreichen. Ich trinke keinen Alkohol und nehme keine Drogen. Das war nicht immer so. Natürlich habe ich in meinen jungen Jahren mit Marihuana und Alkohol experimentiert, doch erkannt, dass mir meine mentale Klarheit wichtiger ist, um meine langfristigen Ziele zu erreichen und 100 Jahre alt zu werden, und das gesund und glücklich. Ich würde gerne mit 90 immer noch einen Spagat machen können, wie die deutsche Turnerin Johanna Quaas, die sich mit weit über 90 Jahren bewegt und turnt wie eine junge Frau. Ich liebe es, mir auf YouTube Videos von ihr anzusehen, denn das inspiriert mich, dass Gesundheit, Flexibilität und Beweglichkeit bis ins hohe Alter möglich sind.

An dieser Stelle kannst du reflektieren, wie deine Gedanken zu diesem Thema sind. Hältst du dies für möglich oder unmöglich für dich persönlich? Dient dir diese Einstellung langfristig? Welche Gedanken über dich selbst und zu gesundem Altern sind für dich förderlich?

AUFGABE

LASS UNS GEMEINSAM **REFLEKTIEREN** *UND EIN BISSCHEN* **JOURNALN!**

? Was verkörpere ich aktuell in meinem Leben?

? Was möchte ich in einem Jahr verkörpern?

? Was möchte ich in zehn Jahren verkörpern?

? Was darf ich sein, tun und haben, um das zu verkörpern? Was darf ich beginnen?

? Was darf ich bewusst beenden, um diese Verkörperung zu realisieren? (z. B. Drogen, übermäßig viel Zucker- oder Alkoholkonsum, Schlafmangel, zu viel Medienkonsum etc.)

? Was darf ich jeden Tag in mein Leben integrieren, um diese Verkörperung zu realisieren?

Wie wäre es, wenn du Resilienz für die nächste Zeit zu deinem Projekt machst, und zwar 24 Stunden am Tag? Dein Resilienz-Projekt könnte im Hintergrund laufen, während du mit deiner Arbeit oder Alltagsdingen beschäftigt bist. Ganz ehrlich, was hast du schon zu verlieren – im Gegensatz dazu, was du alles gewinnen kannst?

? Eine sehr wichtige Frage für dich: Woran wirst du merken, dass du resilienter geworden bist?

? Was wird sich dann verändert haben? Wie wird sich deine Denkweise über dich selbst, deine Gefühle und deine Verbindung zu deinem Körper ändern?

Ich möchte dich auch hier wieder dazu einladen, das Buch beiseitezulegen. Lass deine Antennen, die meist nach außen gerichtet sind, einmal einfahren, komme bei dir an, spüre, wie sich jetzt in diesem Moment dein Körper anfühlt. Wie ist deine Atmung? Atme tief und kraftvoll durch und beobachte das Heben und Senken deines Brustkorbs. Beobachte auch, wie sich mit deinen tiefen Atemzügen dein Bauch hebt und senkt.

Spüre, was sich möglicherweise schon jetzt verändert, wenn du dir die Zeit nimmst, dir vorzustellen, wie sich mehr Achtsamkeit und Resilienz positiv auf dein Leben und deine Gesundheit auswirken könnten.

Ziele zu haben, ist großartig, aber vergiss nicht, den Prozess auf diesem Weg zu genießen. Schaue nach rechts und links, halte inne, um dir bewusst zu machen, wo du gerade stehst, und schätze den Weg, den du bis hierhin gegangen bist.

Manchmal musst du Umwege gehen, um an dein Ziel zu gelangen. Diese sind wichtig für deine Seele, die wachsen, Erfahrungen sammeln und leuchten will. Sei dir dessen stets bewusst, gerade in den Momenten, in denen es nicht immer nach Plan läuft. Überprüfe deine Werte, prüfe, ob deine Emotionen mit deinem Herzenswunsch in Resonanz stehen, und nimm eventuell Korrekturen vor.

Das alles gehört zum Leben auf diesem Planeten dazu. Vergiss nie, dass du immer eine Wahl hast, auch wenn es sich manchmal nicht so anfühlt. Du bist Schöpfer*in, Creator, KEIN OPFER! Lerne, dir mehr zu vertrauen und das, was du nicht kontrollieren kannst, loszulassen.

01

NACHBEREITUNG
DIESES KAPITELS

1. Nimm dir einen Moment Zeit und reflektiere nochmals die Inhalte des Kapitels.

2. Besorge dir morgen ein Journal, zum Beispiel in einem Schreibwarengeschäft, oder bestelle dir jetzt gleich eines online.

3. Beginne damit, täglich morgens oder abends zu reflektieren:

→ Wofür bin ich dankbar?
→ Was ist heute Gutes passiert, und wie habe ich dazu beigetragen?
→ Schreibe außerdem alles auf, was dich bewegt und berührt. Sei frei in deinem Schreibprozess – das Schreiben ist ja einfach nur für dich.

4. Frage dich an dieser Stelle noch mal: Was wäre, wenn du heute die Entscheidung triffst und aufrichtig beschließt, deinen Fokus ab sofort auf deine Gesundheit, dein Wohlbefinden und deine Resilienz zu legen?

5. Nimm dir heute in deiner Mittagspause oder am Abend, je nachdem wann es dir gut passt, bewusst Zeit, deiner Intuition zu lauschen. Reflektiere wann, wie und wo sich deine Intuition bei dir meldet.

6. Heilung ist ein aktiver Prozess von Annehmen, Loslassen und Vergeben. Was möchtest du loslassen? Von welcher Last möchtest du dich befreien? Welche Verbindungen möchtest du lösen, die dir nicht mehr dienen?

7. Möchtest du ein ganzer oder ein guter Mensch sein? Wo möchtest du noch mehr dein authentisches Ich leben, ohne es anderen ständig recht zu machen, sondern es endlich mal dir selbst recht zu machen?

8. Überlege dir, was du in deinem Leben verkörpern möchtest. Was darfst du sein, tun, haben und loslassen, um diese Verkörperung zu verwirklichen?

02

KÖRPER, ATEM UND UNSER GEIST

Unser Körper, unsere Atmung und unser Mindset sind eng miteinander verbunden und beeinflussen sich gegenseitig in vielfältiger Weise. In meinen Augen stellt unsere Atmung eine Brücke zwischen unserem Körper und unserem Geist her. Gerät unser Körper oder unser Geist aus dem Gleichgewicht, so können wir über unsere Atmung gegensteuern.

ATMEN

„Breath is the bridge which connects life to consciousness, which unites your body to your thoughts.“ – *Thich Nhat Hanh*

Die Atmung ist ein wichtiger Vermittler zwischen Körper und Psyche. Sie reagiert auf unsere emotionalen Zustände. Bei Stress oder Angst neigen wir dazu, flacher und schneller zu atmen, während Entspannung und Achtsamkeit tiefere, langsamere Atemzüge fördern. Durch bewusste Atemübungen können wir unser Mindset beeinflussen und Stress reduzieren.

Es gibt verschiedene Studien, die die Verbindung zwischen Atmung und emotionaler Regulation belegen: Eine Studie von Zelano et al. aus dem Jahr 2016 untersuchte die Auswirkungen von langsamer und tiefer Atmung auf das emotionale Empfinden. Die Forscher stellten fest, dass bestimmte Atemtechniken, insbesondere das Einatmen über die Nase und das Ausatmen über den Mund, dazu beitragen können, das Gehirn zu beruhigen und eine emotionale Balance zu fördern.

Eine weitere Studie von Russo et al. aus dem Jahr 2017 untersuchte die Auswirkungen von kontrollierter Atmung auf die kognitive Leistungsfähigkeit. Die Ergebnisse zeigten, dass gezielte Atemtechniken die Konzentration verbessern und kognitive Funktionen wie Aufmerksamkeit und Gedächtnis unterstützen können.

Insgesamt belegen diese Studien, dass die bewusste Kontrolle der Atmung eine bedeutende Rolle bei der Regulation von Emotionen, Konzentration und sogar kognitiven Funktionen spielt. Das heißt: Durch bewusste Atmung können wir auf unsere psychische und physische Gesundheit einen positiven Einfluss nehmen. Die Atmung ist die einzige Funktion des vegetativen Nervensystems, die wir bewusst und willentlich beeinflussen können. Über die Tiefe und den Rhythmus der Atmung können wir unsere Konzentration beeinflussen und damit unsere Emotionen steuern.

Beispielsweise kann langsames, tiefes Atmen, wie es in Techniken der Atementspannung oder im Yoga und der Meditation gelehrt wird, den Parasympathikus stimulieren, was zu einer Entspannungsreaktion führen kann. Dies kann den Herzschlag verlangsamen, den Blutdruck senken und unsere Entspannung fördern – was wiederum dazu beiträgt, Stress und Anspannung abzubauen.

WAS IST DAS **VEGETATIVE NERVENSYSTEM?**

Das vegetative Nervensystem ist ein Teil unseres Körpers, der für viele wichtige automatische Funktionen verantwortlich ist, wie zum Beispiel Atmung, Herzschlag, Verdauung und die Regulation der Körpertemperatur. Es arbeitet im Hintergrund, ohne dass wir bewusst darüber nachdenken müssen.

Das vegetative Nervensystem ist in zwei Hauptteile unterteilt, den Sympathikus und den Parasympathikus. Diese haben unterschiedliche Funktionen:

→ **Sympathikus:** Er wird oft als „Gaspedal" des Körpers bezeichnet. Er ist aktiv, wenn wir unter Stress stehen oder in einer herausfordernden Situation sind. Der Sympathikus erhöht die Herzfrequenz, beschleunigt die Atmung und mobilisiert Energie, um mit der Stresssituation umzugehen (z. B. Flucht oder Kampf).

→ **Parasympathikus:** Im Gegensatz dazu wird der Parasympathikus oft als „Bremspedal" betrachtet. Er ist aktiv, wenn wir entspannt sind oder zur Ruhe kommen. Er hilft dabei, den Herzschlag zu verlangsamen, die Verdauung zu fördern und die Entspannung des Körpers zu unterstützen.

Warum ist das vegetative Nervensystem so wichtig, besonders im Kontext von Resilienz?

Das Gleichgewicht zwischen Gasgeben und Entspannungszeit spielt eine wesentliche Rolle bei der Regeneration und Stressbewältigung. Ein gut funktionierendes vegetatives Nervensystem ermöglicht es uns, uns schneller zu erholen, besser mit Herausforderungen umzugehen und unsere emotionale Stabilität aufrechtzuerhalten. Eine ausgewogene Aktivierung des vegetativen Nervensystems spielt dabei eine bedeutende Rolle, da es uns hilft, zwischen Anspannung und Entspannung zu wechseln und somit unsere Belastbarkeit und vor allem auch unsere psychische Gesundheit zu unterstützen.

Die meisten Menschen leben heutzutage in einer Welt, die von ständiger Aktivität, Stress und Anspannung geprägt ist. Dies führt oft dazu, dass wir übermäßig im Sympathikus-Bereich aktiv sind. Wir stehen ständig unter Strom: Der Sympathikus, unser „Gaspedal", wird in Stresssituationen aktiviert und mobilisiert den Körper für Kampf oder Flucht, was an sich superwichtig und hilfreich ist. Doch wenn du ständig angespannt bist, kann dies langfristig negative Auswirkungen auf die Gesundheit haben, einschließlich erhöhtem Risiko für Burn-out, Angstzustände und Depressionen.

Es ist daher äußerst wichtig, den Parasympathikus-Bereich zu kultivieren und zu fördern. Der Parasympathikus, unser „Bremspedal", bringt uns zur Ruhe, fördert unsere Entspannung und schenkt uns Erholung. Wenn wir es schaffen, diesen Zustand des Parasympathikus öfter zu erreichen, können wir die Balance zwischen Aktivität und Ruhe im Nervensystem wiederherstellen.

Der Parasympathikus spielt eine entscheidende Rolle bei der Förderung von Regeneration, mentaler Klarheit und emotionaler Ausgeglichenheit. Wenn wir also bewusst Wege finden, um den Parasympathikus zu aktivieren – sei es durch Atemübungen, Meditation, Achtsamkeit, regelmäßige Entspannungspraktiken oder gezielte körperliche Bewegung wie Yoga –, ermöglichen wir unserem Körper und Geist, sich zu erholen und aufzutanken.

Indem wir den Parasympathikus stärken, fördern wir unsere Resilienz gegenüber Stress, verbessern unsere Fähigkeit, mit Herausforderungen umzugehen, und unterstützen unsere psychische Gesundheit insgesamt. Das ist der Schlüssel dazu, ein ausgewogenes und gesundes vegetatives Nervensystem aufrechtzuerhalten, was wiederum unsere Widerstandsfähigkeit und unser Wohlbefinden im täglichen Leben verbessert.

EINE LISTE VON 28 DINGEN, FÜR DEINEN PARASYMPATHIKUS, FÜR ENTSPANNUNG UND ERHOLUNG:

1. **Meditation:** Setze dich ruhig hin und konzentriere dich auf deine Atmung oder nutze geführte Meditationen, um zur Ruhe zu kommen.

2. **Atemübungen:** Praktiziere bewusstes, tiefes Atmen, wie z. B. Bauchatmung oder die 4-7-8 Atmung.

ANLEITUNG 4-7-8 ATMUNG

Setze dich in eine bequeme Position, entweder auf einem Stuhl mit aufrechter Wirbelsäule oder auf dem Boden mit gekreuzten Beinen. Lege deine Hände mit den Handflächen nach oben auf deine Knie.

Führe die folgenden Schritte der 4-7-8 Atemtechnik durch

→ Atme durch die Nase ein und zähle dabei langsam bis vier.
→ Halte deinen Atem an, ziehe den Bauchnabel nach innen und zähle dabei bis sieben.
→ Atme durch den Mund aus und zähle dabei bis acht.

Wiederhole diese Sequenz mehrmals. Diese Übung hilft, deinen Geist zu beruhigen. Genieße die augenblickliche Wirkung. Sie kann jederzeit meditativ oder spielerisch durchgeführt werden.

Weitere Meditationen und geführte Atemübungen findest du im Mitgliederbereich von diesem Buch unter www.seelenschokolade.de.

3. **Yin Yoga:** Führe sanfte Yoga-Übungen durch, die den Körper entspannen und den Geist beruhigen.

4. **Progressive Muskelentspannung (PMR):** Spanne und entspanne bewusst verschiedene Muskelgruppen, um körperliche Spannungen abzubauen.

5. **Spaziergänge in der Natur:** Gehe in einem Park oder Wald spazieren, um die Natur zu genießen und Stress abzubauen.

6. **Warmes Bad nehmen:** Entspanne dich in einem warmen Bad mit beruhigenden ätherischen Ölen.

7. **Lesen:** Tauche in ein Buch ein, das dich interessiert und dir Freude bereitet.

8. **Musik hören:** Wähle beruhigende Musik oder Naturklänge, um zu entspannen.

9. **Tee trinken:** Genieße in Ruhe eine Tasse beruhigenden Kräutertee wie Kamille oder Lavendel.

10. **Journaling/Tagebuch schreiben:** Schreibe deine Gedanken und Gefühle auf, um den Geist zu klären und Stress zu reduzieren. Du kannst auch aufschreiben, wofür du heute dankbar bist. Oder was heute Gutes passiert ist und wie du aktiv dazu beigetragen hast. Zum Beispiel: Heute war schönes Wetter. Ich habe dazu beigetragen, das schöne Wetter zu genießen, indem ich mir in der Mittagspause Zeit für einen achtsamen Spaziergang im Park genommen habe.

11. **Massage:** Gönn dir eine Massage, um körperliche Spannungen zu lösen und zu entspannen.

12. **Achtsames Essen:** Nimm dir Zeit, um bewusst und langsam zu essen, und genieße die Aromen.

13. **Nickerchen machen:** Ruhe dich für eine kurze Zeit aus, um Energie zu tanken und den Geist zu erfrischen.

14. **Kunst oder Handwerk:** Nutze kreative Aktivitäten wie Malen, Musizieren, Zeichnen oder Basteln, um zu entspannen.

15 **Yoga Nidra:** Praktiziere eine Tiefenentspannungstechnik, die Körper und Geist zur Ruhe bringt.

16 **Tai Chi oder Qigong:** Übe sanfte Bewegungen, die den Körper entspannen und die Energie ausgleichen.

17 **Achtsames Stretching:** Dehne deinen Körper sanft, um Verspannungen zu lösen und die Flexibilität zu verbessern. Denke an eine Katze oder einen Hund kurz nach dem Aufwachen, Tiere strecken sich ganz intuitiv. Fühle in dich, welche Bewegung dir gut tut.

18 **Gärtnern:** Widme dich dem Anpflanzen oder Pflegen von Pflanzen, um Stress abzubauen und Ruhe zu finden.

19 **Heiße Dusche:** Genieße eine entspannende Dusche, um Spannungen zu lösen und den Geist zu beruhigen.

20 **Stressball oder Knete:** Verwende Stressbälle oder Knete, um die Hände zu entspannen und Stress abzubauen.

21 **Lachen:** Schau eine lustige Komödie, Stand-up-Comedy oder triff dich mit Freund*innen, um herzhaft zu lachen und somit Stress abzubauen.

21 **Aromatherapie:** Verwende beruhigende ätherische Öle wie Lavendel oder Bergamotte, um zu entspannen.

23 **Visualisierung:** Stelle dir ruhige, angenehme Orte oder Situationen vor, um Stress abzubauen und Ruhe zu finden.

24 **Autogenes Training:** Übe diese Entspannungstechnik, die auf Selbsthypnose und Selbstentspannung basiert.

25 **Tanz:** Bewege dich frei und intuitiv zu beruhigender angenehmer Musik, um den Körper zu entspannen.

26 **Digital-Detox-Zeit:** Schalte elektronische Geräte aus und verbringe Zeit ohne Bildschirme, um den Geist zu beruhigen.

27 **Teilnahme an einem Entspannungskurs:** Besuche Kurse, um neue Entspannungsmethoden zu erlernen.

28 **Besorge dir einen Orgasmus:** Selbstbefriedigung ist eine natürliche sexuelle Handlung und kann für viele Menschen eine Quelle der Entspannung und des Wohlbefindens sein. Sie kann dazu beitragen, Spannungen zu lösen und den Körper mit Endorphinen zu versorgen, die das Wohlbefinden steigern können.

Diese „Aktivitäten" können individuell angepasst werden, um den Parasympathikus zu aktivieren und zur Entspannung beizutragen. Die regelmäßige Integration solcher Praktiken kann dazu beitragen, Stress abzubauen, das Wohlbefinden zu verbessern und eine bessere Balance im Alltag zu erreichen.

WIE BEEINFLUSST UNSER KÖRPER UNSEREN GEIST UND UMGEKEHRT?

Das komplexe Zusammenspiel zwischen Körper und Geist wird in den Bereichen der Psychosomatik und somatopsychischen Wechselwirkungen untersucht.

PSYCHOSOMATIK – WIE UNSERE PSYCHE UNSEREN KÖRPER BEEINFLUSST

Die Psychosomatik beschäftigt sich mit der Wechselwirkung zwischen psychischen und körperlichen Prozessen. Emotionen, Stress, Ängste und andere psychische Zustände können Auswirkungen auf unseren Körper haben. Zum Beispiel kann anhaltender Stress zu körperlichen Symptomen wie Muskelverspannungen, Schlafstörungen oder Magenproblemen führen. Dies zeigt, wie unsere psychische Verfassung unsere körperliche Gesundheit beeinflusst.

Auch in vielen Redewendungen findet sich diese Wechselwirkung wieder, wie in:

→ Das schlägt mir auf den Magen.

→ Mir liegt etwas auf dem Herzen.

→ Das geht mir an die Nieren.

→ Mir fällt ein Stein vom Herzen.

→ Das geht mir unter die Haut.

→ Das geht mir an die Substanz.

→ Das fühlt sich an wie ein Schlag ins Gesicht.

→ Das geht mir durch den Kopf.

→ Das geht mir ins Blut über.

Diese Redewendungen, die Menschen meist unbewusst im Alltag verwenden, zeigen, wie tiefgreifend die Verbindung zwischen unserem emotionalen und körperlichen Zustand sein kann.

Wir können diese Wechselwirkungen auch für uns nutzen, indem wir auf einen guten Schlaf achten, genug Erholung und Pausen einplanen sowie Selbstfürsorge praktizieren.

? Wie kannst du heute gut für dich sorgen? Was kannst du diese Woche bewusst Gutes für dich tun?

Durch den Einsatz von Stressbewältigungstechniken wie Meditation, progressiver Muskelentspannung, Atemübungen oder Yoga kann die psychische Belastung reduziert werden, was sich wiederum positiv auf den Körper auswirken kann.

Positive Beziehungen und soziale Unterstützung spielen eine große Rolle für unser psychisches Wohlbefinden. Ein starkes soziales Netzwerk kann helfen, Stress zu bewältigen und ein Gefühl der Verbundenheit und Unterstützung zu fördern, was sich positiv auf den gesamten Körper auswirkt.

SOMATOPSYCHISCH – WIE UNSER KÖRPER UNSERE PSYCHE BEEINFLUSST

Auf der anderen Seite können auch körperliche Themen unsere Psyche beeinflussen. Schmerzen, chronische Krankheiten oder Verletzungen können zu emotionalen Belastungen führen und unser Denken und Empfinden negativ beeinflussen. Dies kann zu Depressionen, Angstzuständen oder weiteren psychischen Problemen führen.

Auch andere körperliche Themen beeinflussen unsere Psyche. Eine Frau wird durch eine Schwangerschaft nicht nur körperlich und hormonell, sondern auch psychisch sehr bewegt, verändert und berührt. Sie empfindet nicht nur körperlich sehr viel, sondern auch psychisch können viele neue und alte Themen hochkommen wie Ängste, Depressionen, aber auch Freude, Liebe und Verbundenheit.

Die somatopsychischen Wechselwirkungen sind ein faszinierendes, aber oft weniger bekanntes Konzept im Vergleich zur Psychosomatik. Somatopsychisch beschreiben wir, wie der Körper unsere Psyche beeinflusst. Hier ist eine Erklärung, wie diese Wirkungen entstehen und wie der Körper positiv auf unsere Psyche einwirken kann:

1. **Neurochemie:** Unser Körper produziert Neurotransmitter wie Serotonin und Dopamin, die unsere Stimmung und die emotionale Gesundheit beeinflussen. Sport und Sonnenlicht beispielsweise erhöhen die Produktion dieser Glückshormone.

→ Wie kannst du mehr Sport und angenehme Bewegung in dein Leben bringen?

→ Wie und wann kannst du Pausen machen, um an die frische Luft zu gehen und Sonnenlicht aufzusaugen?

2. **Entzündungen:** Chronische Entzündungen im Körper können zu depressiven Verstimmungen führen. Eine gesunde Ernährung und Bewegung können Entzündungen reduzieren und die Stimmung verbessern.

→ Isst du täglich Gemüse? Isst du genügend Blattgrün? Trinkst du ausreichend gutes Wasser? Isst du aus Hunger und ernährst deinen Körper mit allen wichtigen Nährstoffen? Oder isst du aufgrund von Stress, Sorgen, Routine oder aus Langeweile?

3. Schlaf: Guter Schlaf ist entscheidend für die psychische Gesundheit. Schlafmangel kann zu Angstzuständen und Depressionen führen. Die Pflege von Schlafgewohnheiten kann die Psyche positiv beeinflussen.

→ Wie ist dein Schlaf? Wie kannst du dich vor dem Einschlafen entspannen?

4. Hormone: Hormonelle Veränderungen im Körper, wie sie in der Pubertät, während der Schwangerschaft oder in den Wechseljahren auftreten, können die Stimmung beeinflussen. Hormonelle Balance ist wichtig für die psychische Gesundheit.

5. Schmerzen und Beschwerden: Körperliche Schmerzen können die Psyche stark belasten. Die richtige Behandlung von Schmerzen und Krankheiten kann die psychische Verfassung verbessern.

→ Mir hat Hypnose sehr geholfen, mit Schmerzen besser umzugehen. Das war mit ein Grund, warum ich eine medizinische Hypnose-Ausbildung absolviert habe. Unter Hypnose können Menschen lernen, ihre Wahrnehmung von Schmerz zu verändern. Indem man sich auf angenehmere Empfindungen oder Visualisierungen konzentriert, kann die Intensität des Schmerzes subjektiv reduziert werden. Studien deuten darauf hin, dass Hypnose die Aktivität bestimmter Gehirnregionen verändern kann, die an der Verarbeitung von Schmerz beteiligt sind. Dies kann dazu beitragen, die Schmerzempfindung zu modulieren und die Schmerzwahrnehmung zu verringern.

6. Bewegung: Regelmäßige körperliche Aktivität kann die Freisetzung von Endorphinen stimulieren, was zu einem verbesserten Gemütszustand und Stressabbau führt.

→ Wie kannst du regelmäßig Bewegung und Sport in deinen Alltag einbauen?

7. Ernährung: Eine ausgewogene, naturnahe Ernährung hat Auswirkungen auf die Produktion von Neurotransmittern und die allgemeine Gehirnfunktion. Eine gesunde Ernährung kann die geistige Verfassung positiv beeinflussen.

→ Wie gesund und naturnah ist deine Ernährung? Versorgst du deinen Körper mit allen notwendigen Nährstoffen und Vitaminen? Ist dein Körper eher basisch oder eher sauer? Wie kannst du mehr basische Lebensmittel wie Gemüse in deine Ernährung integrieren? Wie kannst du saure Lebensmittel wie Kaffee, Zucker und tierische Produkte reduzieren?

8. Yoga und Meditation: Diese Praktiken kombinieren Körperhaltungen und Atemkontrolle, um Entspannung und Achtsamkeit zu fördern, was sich positiv auf die Psyche auswirken kann.

9. Berührung und Massage: Berührungen können die Freisetzung von Oxytocin fördern, einem Hormon, das soziale Bindungen und Wohlbefinden unterstützt.

→ Wann hast du dir das letzte Mal eine Massage gegönnt? Buche dir doch mal wieder einen Massagetermin oder bitte deine*n Partner*in um eine Nackenmassage.

10. Atemtechniken: Das bewusste Üben von Atemtechniken kann Stress reduzieren und die psychische Stabilität verbessern, da die Atmung eng mit dem Nervensystem verbunden ist.

→ Insgesamt zeigen diese Beispiele, wie unser Körper unsere Psyche auf vielfältige Weise beeinflussen kann. Ein gesunder Lebensstil, der Aspekte wie Ernährung, Bewegung und Schlaf berücksichtigt, kann dazu beitragen, unsere psychische Gesundheit zu fördern, resilienter zu werden und unser Wohlbefinden zu steigern.

WEITERE IDEEN FÜR DEINEN WERKZEUGKOFFER

Akzeptanz: Nimm deine Gefühle wahr, auch wenn sie unangenehm sind. Flüchte nicht vor deinem Schmerz (mit Netflix, Ablenkung, Arbeit, Betäubung oder Essen), denn sonst staut sich immer mehr auf. Schaue hin, nimm wahr und fühle deine Gefühle.

Mit sich selbst achtsam sein: Wenn du dich aufgeregt oder gestresst fühlst, sage dir: „Aha, interessant", anstatt einen Film zu schauen oder Schokolade zu essen. „Aha, interessant, ich bin gerade gestresst. Was löst das jetzt gerade aus?" – „Aha, interessant" ist das Gegenteil von Ablenkung, sondern die Wahrnehmung dessen, was jetzt gerade ist.

Finde Zeit in Stille mit dir selbst: Wir brauchen Zeit in Ruhe nur mit uns, um wahrzunehmen, was ist. Du kannst dazu meditieren, einen Bodyscan machen oder in die Natur gehen. Hauptsache, du nimmst dir Zeit in Stille, statt ständiger Beschallung durch Netflix, Social Media und Co. Finde deine Praxis, wie du Zeit in Stille findest.

Reflektiere: Aus dem Erkennen einer stressigen Situation und der Reflexion der Erfahrung entsteht Wachstum. Denke zum Beispiel an die Coronazeit: Wir fanden es alle stressig, eingeschränkt zu sein. Doch wenn du reflektierst, was Positives daraus entstanden ist, wie zum Beispiel der Beginn deiner Gesundheitsreise oder ein neues Hobby, lernst du zu erkennen, dass stressige Situationen auch positive Resultate haben können. Durch die Reflexion lernen wir auch unsere Trigger kennen. Wenn wir unsere Auslöser von Stress kennenlernen, sind wir in Zukunft gewappnet und können uns vornehmen: „Wenn mir XY wieder passiert, dann nehme ich mir vor, so zu reagieren."

Wenn du magst, schau noch mal auf Seite 23 nach und ergänze diese Ideen in deinem Toolkit für Resilienz.

02

NACHBEREITUNG DIESES KAPITELS

1. Nimm dir einen Moment Zeit und reflektiere nochmals die Inhalte des Kapitels „Körper, Atem und unser Geist“.

2. Nimm dir JETZT einen Moment, um tief und bewusst durchzuatmen. Atme tief in deinen Bauch und beobachte, wie sich deine Bauchdecke hebt und senkt. Beobachte, wie die Luft in deine Nase einströmt und die Luft, die du einatmest, ein kleines bisschen kühler ist als die Luft, die du ausatmest.

3. Nimm dir vor, in den nächsten 28 Tagen alle 28 Dinge für Entspannung und Erholung einmal auszuprobieren und herauszufinden, was dich persönlich am meisten entspannt. Plane dafür im nächsten Monat JETZT feste Termine in deinem Kalender ein.

4. Achte darauf, wie deine Psyche deinen Körper beeinflusst und umgekehrt. Mache dir diese Woche diese Wechselwirkungen besonders bewusst. Schaue, wie du diese Wechselwirkung zwischen Körper/Atem/Geist/sozialen Faktoren für dich und dein Wohlbefinden nutzen kannst:

→ Achte darauf, dass du am Abend deine Bildschirmzeit reduzierst und stattdessen zum Beispiel lieber ein Buch liest, eine Atemübung praktizierst, etwas Gesundes für dich kochst oder dir ein Basenbad in der Badewanne gönnst.

→ Wie kannst du noch mehr erholsame Pausen in dein Leben einbauen? Zum Beispiel indem du in der Mittagspause einen Spaziergang an der frischen Luft machst, statt auf dein Smartphone zu starren.

- → Nimm dir bewusst Zeit, Stressbewältigungstechniken wie Meditation, progressive Muskelentspannung, Atemübungen oder Yoga auszuprobieren, denn dies reduziert psychische Belastung, was sich wiederum positiv auf den Körper auswirken kann. Plane jetzt einen festen Termin in deinem Kalender ein und nimm ihn so wichtig wie einen Arbeitstermin oder ein Treffen mit einer Freundin.

- → Positive Beziehungen und soziale Unterstützung spielen eine große Rolle für unser psychisches Wohlbefinden. Rufe jetzt einen lieben Menschen an, mit dem du gerne Zeit verbringst, und verabrede dich zum Beispiel auf einen gemeinsamen Spaziergang oder zum gemeinsamen Kochen.

- → Reflektiere: Wie kannst du regelmäßig Bewegung und Sport in deinen Alltag einbauen?

5. Sorge für Berührung: Buche dir einen Massagetermin, eine Gesichtsbehandlung oder bitte deine*n Partner*in um eine Massage.

03

HEILE DEINE WURZELN

„Heilung ist eine Wahl und ein aktiver Prozess von Annehmen, Vergeben und Loslassen."
- Julia Colella

LERNE VON DEINEN AHNEN UND URAHNEN

Meine Oma Helene war die stärkste, liebevollste und rückblickend auch die resilienteste Frau, die ich jemals kennenlernen durfte. Sie war Krankenschwester, Masseurin, und heute würde man wahrscheinlich sagen „Physiotherapeutin und Heilerin". Während des Zweiten Weltkriegs hat sie als Krankenschwester im Lazarett gearbeitet und sich um Verletzte gekümmert. Nach dem Krieg hat sie Kriegsverletzte zurechtgebogen, massiert und mit Naturheilmitteln für möglichst viel Heilung gesorgt. Während der Zeit des Nationalsozialismus hat sie sich geweigert, die bekannte Geste zu machen, sie stellte sich immer ganz weit nach hinten in die letzte Reihe und machte einfach nicht mit. Sie meinte mal zu mir: „Ich hasse Hitler! Dieses Schwein. Ich wollte da nicht mitmachen." Wie gefährlich und riskant das war zu dieser Zeit, ist heute kaum vorstellbar. Sobald es an einem Ort zu riskant wurde, fuhr sie mit ihrem kleinen Motorroller weiter, denn Krankenschwestern wurden überall gebraucht.

Alle Geschichten, die sie erlebte, erzählte sie mir genau einmal mit ihrer ruhigen und liebevollen Stimme. Sie wiederholte keine Geschichte. Nicht ein einziges Mal erzählte sie mir eine Geschichte ein zweites Mal. Deswegen hörte ich ihr immer sehr aufmerksam zu.

Einmal wurde sie von einem ranghohen Offizier sexuell belästigt, der mehr als zwei Köpfe größer war als sie. Als er ihr nachts auf dem Flur auflauerte und sie gegen die Wand drückte, ließ sie sich das nicht gefallen, sondern biss ihm fest in die Brust. Er ließ los, und sie rannte weg. Am nächsten Tag bei der Visite fragte man den Offizier, was passiert sei. Sie stand mit im Raum, er schaute sie an und sagte: „Kriegsverletzung." Da hatte sie eine Menge Glück gehabt, die Strafe für so ein Verhalten wäre verheerend gewesen.

Meine Oma wurde fast 100 Jahre alt und hatte bis zum Schluss ihre eigenen Zähne. Sie hatte eine Menge Biss und brachte mir bei, mich durchzubeißen. Ich sagte zu ihr: „Du bist fast 100 Jahre alt und hast nur Lachfalten im Gesicht. Was ist dein Geheimnis für ein so glückliches Leben, das nur Lachfalten hinterlässt?" Sie antwortete: „Ich habe immer aus allem das Beste gemacht." Ich glaube, das ist ein wichtiger Schlüssel zu einem resilienten, glücklichen und erfüllten Leben: Mache das Beste aus deinem Leben. Egal, was passiert.

Selbst mit über 90 Jahren war meine Oma glasklar im Kopf. Das einzige Mal, wo sie etwas „Komisches" zu mir sagte, war genau eine Woche, bevor sie wieder Seele wurde. Da sagte sie plötzlich zu mir: „Julia, du kannst jetzt alle Türen und Fenster aufmachen." Ich schaute sie verdutzt an und spürte schon, dass sie jetzt bereit war zu gehen, denn sie hasste Zugluft und wollte nie, dass Tür und Fenster gleichzeitig offen waren. So sagte ich zu ihr: „Bist du sicher?", worauf sie antwortete: „Ja, mein Stern." Also öffnete ich alle Türen und Fenster, der Wind fegte durch das ganze Zimmer, und ich setzte mich zu ihr und sagte: „Alle Fenster und Türen sind auf." Sie lächelte mich sanft an und atmete ganz tief und kraftvoll durch. Da wusste und spürte ich, dass ihre Seele bald ihren Körper verlassen würde, und so war es auch. Ganz ohne Drama. Einfach so, friedlich.

AUFGABE: REFLEKTIERE, WIE DAS BEI DIR IST ...

? Wie oft erzählst du dir eine Geschichte immer und immer wieder in deinem Kopf?

? Hilft dir das?

? Willst du dir diese Geschichten weitererzählen?

? Welche Geschichten erzählst du anderen Menschen?

? Welche Message enthalten diese Geschichten?

Mache dir bewusst, dass du mit allem, was du erzählst, sowohl bei dir als auch bei anderen Menschen innere Bilder erzeugst.

Frage dich:

- ? Mit welchen Geschichten und inneren Bildern möchtest du in Verbindung gebracht werden?

- ? Welche Geschichten möchtest du anderen erzählen?

Das bedeutet nicht, nur noch über positive Dinge zu sprechen, die Tiefen gehören zum Leben dazu, ganz klar. Ich finde es sogar sehr wichtig, dass wir darüber sprechen und unsere Erfahrungen teilen. Aber vielleicht ist es eine Möglichkeit, deine Lernerfahrung und Rückschlüsse darüber zu teilen – was hast du gelernt, was möchtest du in Zukunft anders machen? Anstatt über das eigene Leben zu meckern, so wie es leider sehr viele Menschen machen, ohne sich bewusst darüber zu sein, welche Auswirkungen ihr negativer (Self-)Talk auf sie hat, sollte man die nicht so schönen Momente reflektieren und versuchen, etwas aus diesen zu lernen.

Es gibt eine Vielzahl von Studien, die darauf hinweisen, dass negatives Sprechen oder negative Gedanken tatsächlich einen schädlichen Einfluss auf unsere Gesundheit und Psyche haben können.

Hier sind einige Beispiele:

Auswirkungen auf die psychische Gesundheit: Eine Studie von Segerstrom und Sephton (2010) in der Zeitschrift „Psychological Bulletin" fand heraus, dass chronischer Stress und negative Emotionen das Immunsystem schwächen und das Risiko für psychische Gesundheitsprobleme wie Depressionen und Angstzustände erhöhen können.

Auswirkungen auf die physische Gesundheit: Forschungsergebnisse aus einer Langzeitstudie, die von Boehm et al. (2012) durchgeführt wurde und in der Zeitschrift „Health Psychology" veröffentlicht wurde, zeigten, dass Personen, die eine negative Weltanschauung hatten und häufig negative Emotionen erlebten, ein erhöhtes Risiko für Herzerkrankungen und andere körperliche Gesundheitsprobleme hatten.

Neurobiologische Auswirkungen: Eine Untersuchung von Kross et al. (2014) in der Zeitschrift „Psychological Science“ fand heraus, dass das Grübeln über negative Ereignisse mit einer erhöhten Aktivität in Gehirnregionen verbunden ist, die mit Depressionen und Angstzuständen in Verbindung stehen.

Soziale Auswirkungen: Studien, wie die von Kawachi et al. (1996) in „Psychological Medicine“, haben gezeigt, dass Menschen, die häufig negativ sprechen oder eine negative Einstellung haben, tendenziell weniger soziale Unterstützung erhalten und ein höheres Risiko für soziale Isolation und Einsamkeit haben können, was wiederum negative Auswirkungen auf ihre Gesundheit haben kann.

Denke daran, dass deine Worte die Möglichkeit haben, Herzen zu berühren und Leben zu verändern. Sei authentisch und teile deine Erfahrungen, um andere Menschen auf ihrem eigenen Weg zu inspirieren und zu motivieren. Du hast das Potenzial, mit deinen Worten andere Menschen zu bewegen und zu berühren, wähle deine Worte daher weise.

Ich habe dazu einen kleinen Merksatz:

> ***Worte können streicheln und schmeicheln.***
> ***Doch Worte können auch hetzen und verletzen.***

Wenn ich mal aufgebracht bin, hilft es mir sehr, einen Schritt zurückzutreten und tief durchzuatmen.

DIE STÄRKEN DEINER VORFAHREN, **DIE AUCH IN DIR SIND**

Vielleicht fragst du dich, warum ich so ein Thema in einem Buch über Resilienz anspreche. Oder du bist sogar ein bisschen beleidigt, weil du dir denkst: „Julia, meine Kindheit war nicht schön, was soll ich schon von meinen Eltern oder Ahnen mitgenommen haben?!"

So habe ich tatsächlich auch eine ganze Zeit lang gedacht. Ich verstehe diese Gedanken. Fühl dich umarmt und unendlich geliebt. Ich kann sogar eine gewisse „Empörung" nachvollziehen. Atme an der Stelle kurz durch. Du weißt ja, ich bin zu 150 % für dich und deine positive Entwicklung. Frag dich an dieser Stelle:

- ? Hilft es mir, meine Vergangenheit zu verurteilen?
- ? Hilft es mir, Reue zu empfinden oder das ein oder andere zu bereuen?
- ? Hilft es mir, Groll zu haben?
- ? Wie würde es mir gehen, wenn ich den Groll loslasse und Raum für Neues kreiere?
- ? Welche negativen Gedanken möchtest du ab heute loslassen?

Wann immer du sie noch mal denkst, sage dir selbst (laut oder still in Gedanken): STOPP! Unterbreche damit das Muster, atme tief und gelassen durch und schenke dir selbst ein sanftes Lächeln in Wertschätzung dir selbst gegenüber.

AUFGABE: DER STÄRKENBAUM

Ja, loslassen ist nicht gerade easy. Für mich gehört es mit zu den größten Herausforderungen, mir selbst und anderen zu verzeihen und wirklich loszulassen. Ein Moment, der mir dabei geholfen hat, war während einer Ausbildung in der Positiven Psychologie. Wir sollten einen Baum malen, in dessen Geäst unsere Vorfahren sind, also unsere Eltern, Großeltern usw. Danach sollten wir neben die Namen unserer Vorfahren ihre Stärken schreiben. Bei der ein oder anderen Person fiel mir das sehr leicht, bei anderen musste ich wirklich nachdenken und meine Perspektive verändern, um für diesen Moment einmal nur die Stärken der Person zu erkennen.

Als ich damit fertig war, betrachtete ich den Baum mit all den Stärken meiner Vorfahren. In dem Moment sah ich die ganze Fülle, das enorme Potenzial, die Weisheit und all die Geschenke, die ich von meinen Eltern und Großeltern mitbekommen hatte. Ich war sehr gerührt, als ich mir das fertige Bild anschaute, und erkannte, wie viel Stärke ich von meinen Ahnen mitbekommen hatte. Wenn wir all die Bewertungen oder Verurteilungen beiseitelassen, wie viele Geschenke sind dann zu sehen?

Für mich war das eine sehr wertvolle Erkenntnis, und ich möchte dich dazu einladen, die Übung selbst zu machen und all die Stärken deiner Eltern, Großeltern, Tanten, Onkel, eben von all deinen Familienmitgliedern aufzuschreiben. Geh durch diesen Prozess durch, denn es lohnt sich wirklich. Es wird deine Sichtweise verändern, all die Stärken zu betrachten und zu erkennen, wie viele dieser Stärken du übernommen hast. Ich wünsche dir Freude und Spaß mit dem Stärkenbaum!

WIE DU DIE STÄRKEN DEINER AHNEN IN DEINEM EIGENEN LEBEN NUTZEN KANNST

In einem idyllischen Dorf, das von einer Aura umwobenen Atmosphäre umgeben war, lebte eine Frau namens Helena. Ihr Herz war von einer tiefen Verbindung zu den Traditionen und der Geschichte ihres Volkes erfüllt. Helena war stark und entschlossen, aber sie trug auch eine Last auf ihren Schultern – den Groll und Unmut gegenüber ihrer eigenen Familie. Ihr Vater hatte sie nicht gut behandelt und sie geschlagen und ihre Mutter hatte sie nicht beschützt. Sie war wütend und verletzt über den Schmerz, den ihre Eltern ihr in ihrer Kindheit zugefügt hatten.

In Helenas Innerem loderte ein Feuer des Grolls, das sie daran hinderte, Frieden zu finden. Es war, als ob sie glühende Kohlen in ihren Händen trug, die sie loswerden wollte, indem sie sie nach ihren Tätern warf. Doch jedes Mal, wenn sie daran dachte, loderte dieser Groll in ihr auf, und sie verbrannte sich selbst mit diesem Zorn.

Sie erkannte die dringende Notwendigkeit, den zermürbenden Kreislauf des Schmerzes und der Bitterkeit zu durchbrechen, der ihr Inneres umschloss. Auf ihrer Suche nach Lösungen und Heilung wandte sie sich der Natur zu – dem Ort, der eine Quelle tiefer Weisheit und Erneuerung darstellt.

Sie fand Trost im Wald, der inmitten der vermeintlichen Unordnung eine verborgene Ordnung barg. Der Wald, ein lebendiges Zeugnis der Ausgeglichenheit, störte sich nicht an umgestürzten Bäumen oder herumliegenden Ästen. Er umarmte das, was ist, mit einer Akzeptanz, die tief in seiner Essenz verankert war.

Helena erkannte, dass die Natur einfach hinnimmt, was sie umgibt, und dass aus den vermeintlichen Trümmern und herabgestürzten Bäumen Neues entsteht. Die herumliegenden Äste wurden zu neuem Nährboden, der die Basis für kraftvolle Bäume mit starken Wurzeln bildete.

Inspiriert von diesem natürlichen Zyklus des Loslassens und der Erneuerung, fasste Helena einen Entschluss. Sie beschloss, sich von ihrem eigenen Groll und Schmerz zu lösen, ähnlich wie die Natur sich von ihren „herumliegenden Ästen" löst, um Raum für neue Stärke und Wachstum zu schaffen.

Eines Tages, als sie in den Wald ging, um nach Antworten zu suchen, stieß sie auf ein Lagerfeuer. Helena sah die glühenden Kohlen und erinnerte sich an ihre eigenen inneren Konflikte. Entschlossen, dieses Bild als Symbol zu nutzen, griff sie nach den glühenden Kohlen und hielt sie in ihrer Hand. Sie spürte den Schmerz, aber sie hielt fest, um zu verstehen, was sie wirklich bedeuten könnten. Die Hitze brachte ihr bei, dass der Groll gegenüber ihrer Familie ihr inneres Feuer nur weiter schüren würde.

Mit einem tiefen Atemzug und einem Moment der Besinnung ließ Helena die glühenden Kohlen los. Sie sah zu, wie sie langsam verglühten und dann zu Asche wurden. In diesem Moment des Loslassens fühlte sie eine Last von ihren Schultern fallen. Sie heilte ihre Wunden. Sie pflegte sich und heilte nicht nur an der Oberfläche, sondern tief in ihrem Inneren.

Helena entschied sich, nicht länger von diesem Groll gegenüber ihrer Familie gefangen zu sein. Sie erkannte, dass Vergebung und Loslassen der Schlüssel waren, um inneren Frieden zu finden. Indem sie sich von den glühenden Kohlen des Grolls befreite, schuf sie Raum für Heilung und eine tiefere Verbundenheit mit ihren Wurzeln.

DIE REISE ZU DEINEN WURZELN: **DIE STÄRKEN DER AHNEN IN DEIN LEBEN BRINGEN**

Ahnenforschung: Setze dich mit deiner Familiengeschichte auseinander. Sammle Informationen über deine Ahnen, ihre Erfolge, Begabungen und Stärken. Sprich mit älteren Familienmitgliedern, durchsuche Dokumente oder nutze Online-Plattformen, um mehr über deine Wurzeln zu erfahren.

Reflexion: Nimm dir Zeit, um über die Stärken deiner Ahnen nachzudenken. Mache eine Liste mit den Stärken, die du von ihnen geerbt hast, und betrachte sie als Quelle der Inspiration und Kraft.

Visualisierung: Visualisiere dich selbst, wie du die Stärken deiner Ahnen in verschiedenen Situationen aktiv nutzt. Stelle dir vor, wie du ihre Tapferkeit, Kreativität oder Widerstandsfähigkeit in dein eigenes Leben einbringst und dich dadurch erfolgreich fühlst.

Affirmationen: Wende positive Affirmationen an, um die Stärken deiner Ahnen in dir zu aktivieren. Wiederhole Sätze wie „Ich erinnere mich an die Stärken meiner Ahnen und nutze sie in meinem eigenen Leben" oder „Ich bin inspiriert von den Erfolgen meiner Vorfahren und nutze ihre Stärken, um meine eigenen Ziele zu erreichen".

Bewusstes Handeln: Mache dir bewusst, wann und wie du die Stärken deiner Ahnen im Alltag anwenden kannst. Ob es darum geht, Herausforderungen anzunehmen, kreative Lösungen zu finden oder anderen Menschen mit Liebe und Fürsorge zu begegnen – nutze die Stärken, die du von ihnen geerbt hast, aktiv in deinem eigenen Leben.

Rituale und Gedenken: Schaffe bewusste Rituale oder Gedenkzeiten für deine Ahnen. Entzünde eine Kerze, schreibe in ein Ahnenbuch oder besuche die Gräber deiner Vorfahren, um ihnen deine Ehrerbietung zu erweisen und ihre Stärken in deinem Leben zu würdigen.

Ich bin kein großer Fan von Friedhöfen, denn mir gibt das keine Kraft. Vielleicht ist das bei dir aber anders und dir gibt das Kraft, dann ist das wunderbar.

Ich brauche keine Kirche und auch keinen Friedhof, um mich mit der Seele meiner ersten Tochter oder mit der Seele meiner Oma Helene zu verbinden. Was mache ich stattdessen? Ich nehme mir Zeit für mich, am liebsten allein, ganz in Ruhe. Dann atme ich tief durch und verbinde mich von meinem Herzzentrum aus mit der Seele. Ich spreche mit ihr und rede einfach darüber, was mir auf dem Herzen liegt. Manchmal habe ich dann ein breites Lächeln auf dem Gesicht, und manchmal bin ich zu Tränen gerührt.

In jedem Fall fühle ich mich sehr verbunden. Probiere es mal aus, ohne eine konkrete Erwartungshaltung zu haben oder zu verkopft an die Sache ranzugehen.

Teile deine Geschichten: Erzähle anderen Menschen von den Stärken deiner Ahnen und wie du diese in dein eigenes Leben integrierst. Indem du deine persönliche Geschichte teilst, inspirierst du nicht nur dich selbst, sondern auch andere, ihre eigenen Stärken zu entdecken und zu nutzen.

Dankbarkeit: Praktiziere regelmäßig Dankbarkeit für die Stärken, die du von deinen Ahnen geerbt hast. Schreibe in ein Dankbarkeitstagebuch oder nimm dir jeden Tag einen Moment Zeit, um zu reflektieren und für diese Geschenke dankbar zu sein.

Wenn du möchtest, kannst du auch einen kleinen Ahnenaltar erstellen, auf dem du Bilder, Gegenstände oder Symbole platzierst, die dich an deine Ahnen erinnern. Ich habe das zum ersten Mal in Asien gesehen, wo es sehr gängig ist, seine Ahnen mit einem Altar zu ehren. Ein Freund hatte zu Hause auch einen. Also habe ich das auch gemacht, und es fühlt sich sehr liebevoll und stärkend an. Nutze diesen Platz als einen Ort der Verbindung und des Rückzugs, um die Stärken deiner Ahnen zu ehren und dich mit ihnen zu verbinden.

Austausch: Suche nach Gleichgesinnten oder Gemeinschaften, die sich mit Ahnenarbeit beschäftigen. Gemeinsam könnt ihr euch über die Stärken und Rituale eurer Ahnen austauschen, voneinander lernen und euch gegenseitig bei der Integration ihrer Stärken in euer eigenes Leben unterstützen.

Nutze diese Inspirationen und Übungen, um die Stärken deiner Ahnen in dein eigenes Leben zu integrieren und ihr Vermächtnis weiterzuführen. Du bist Teil einer starken Ahnenlinie und hast das Potenzial, ihr Erbe zu ehren und deine eigene Erfolgsgeschichte zu schreiben.

VERGEBEN UND LOSLASSEN

Heilung ist ein aktiver Prozess von Annehmen, Loslassen und Vergeben. In meinen Augen ist Vergeben und Loslassen mit das Wichtigste für Heilung, Transformation und unsere Resilienz. Gleichzeitig ist Loslassen aber auch sehr schwer. Ehrlich gesagt, fällt es mir nicht leicht, einem Menschen zu vergeben, der mich verletzt hat. Doch das Vergeben hat mir geholfen, zu verstehen, dass Vergeben nicht bedeutet, dass ich das Verhalten für gut befinde, sondern es bedeutet vielmehr, von meiner Seite aus Frieden zu schließen, vor allem auch für den eigenen inneren Frieden.

AUFGABE: VERBINDUNGEN LÖSEN, DIE DIR NICHT MEHR DIENEN

Im Folgenden findest du eine Anleitung, um Verbindungen, die du nicht mehr möchtest, zu lösen. Du kannst damit dich selbst von Verbindungen jeglicher Art befreien und den neuen Raum mit bedingungsloser Liebe auffüllen. Du brauchst hierbei keine Angst zu haben, dass du möglicherweise positive Verbindungen durchtrennen kannst, denn das universelle Band der Liebe ist nicht zu durchtrennen, da wir in unserer Essenz reine Liebe und sowieso eins sind. Diese Übung hilft dir, alles Negative, was dir nicht mehr dient, sowie Versprechen, Flüche, Eide und karmische Verbindungen jeglicher Art aufzulösen und alle Kraft zu dir zurückzuholen.

ANLEITUNG ZUM LOSLASSEN

1. Visualisiere dich selbst und die andere Person oder Energie sowie das euch verbindende Band. Die Verbindung kann sich in Form einer Schnur, Kette, eines Seils, Leuchtstrahls oder einer sonstigen Verbindung zwischen euch darstellen. Nimm wahr, wo dieses Band am Körper andockt.

2. Trenne die Verbindung mit der klaren Absicht und den Worten: „Ich trenne alle karmischen Verbindungen zwischen uns, sodass die Liebe wieder frei fließen kann."

3. Stell dir vor, wie du mit deiner Hand ein Schwert greifst und die Verbindung mit einem kraftvollen Hieb durchtrennst und sie so auflöst.

4. Atme tief durch und beobachte, wie sich die Verbindung auflöst. Deine Kraft fließt nun wieder zu dir. Sprich folgende Worte: „Alle Energien sind vollkommen transformiert und geheilt."

5. Im letzten Schritt füllst du das Energiefeld mit bedingungsloser Liebe auf, sprich dazu die Worte: „Ich fülle den Raum mit bedingungsloser Liebe. Liebe fließt durch mich von links nach rechts. Liebe fließt durch mich von rechts nach links. Liebe fließt durch mich von oben nach unten sowie von unten nach oben. Ich bin durchflutet von bedingungsloser Liebe." Solltest du das Gefühl haben, eine Wunde davonzutragen, fülle auch diese mit bedingungsloser Liebe auf.

Wenn du dich danach fühlst, kannst du diese transformative Übung mehrmals wiederholen, bis du dich vollkommen befreit und in bedingungsloser Liebe eingehüllt fühlst.

Der Bereich des Bewusstseins ist viel größer, als wir es uns mental vorstellen können. Wenn du nicht länger alles glaubst, was du denkst, löst du dich vom Denken und siehst klar, dass der Denker nicht der ist, der du bist.

DAS VERGEBUNGS-RITUAL **HO´OPONOPONO**

Das Ho'oponopono-Ritual ist ein altes hawaiianisches Vergebungsritual bzw. ein aus dem Herzen gesprochenes Vergebungsgebet. In vielen Coachings, Mentorings, Trainings oder Hypnosesitzungen spreche ich diese Worte einmal oder mehrere Male mit meiner*m Kund*in oder mit der gesamten Gruppe. Dadurch erschaffen wir einen Raum außerhalb von karmischen Verstrickungen.

Was bedeutet Ho'oponopono?

Ho'o = etwas tun

pono = etwas ausgleichen, in Harmonie bringen, etwas korrigieren

ponopono: führt zu einer intensiveren Vorgehensweise und somit zur „Vollkommenheit"

Somit lässt sich Ho'oponopono als der Weg zur Vollkommenheit oder als Weg zurück zu Gott übersetzen.

Die folgenden Worte helfen, das Vergeben und Verzeihen einzuleiten.

Die vier Sätze nach Dr. Hew Len:

→ **Es tut mir leid.**

→ **Bitte verzeih mir.**

→ **Danke.**

→ **Ich liebe dich.**

Mit diesen vier Sätzen beginnen die Vergebung und das Verzeihen bereits, denn du übernimmst die Verantwortung für dein Denken und Fühlen. Es geht nicht um eine konkrete Reihenfolge. Du kannst auch mit „Ich liebe dich" oder mit „Bitte verzeih mir" beginnen. Ich habe auch schon oft mitbekommen, dass Leute zusätzlich „Du bist ein Teil von mir" hinzufügen. Es geht bei diesem Vorgehen mehr um die Haltung und die Energie dahinter. Du entscheidest dich, positiv und vergebend auf die Verletzung (Situation) zu schauen, damit beginnt alles. Das ist der Anfang!

DIE GESCHICHTE VON DR. HEW LEN – EINE WAHRE GESCHICHTE VON JOE VITALE

Ich hörte von einem Therapeuten in Hawaii, der eine komplette Krankenstation krimineller, psychisch kranker Patient*innen geheilt hatte, ohne auch nur einen von ihnen jemals gesehen zu haben. Es hieß, der Psychologe würde die Akte eines*r Insass*in studieren und dann in sich selbst schauen, um zu sehen, wie er selbst die Krankheit dieser Person erschuf. Während er an sich selbst arbeitete, besserte sich der Zustand des Patienten. Ich hörte, der Therapeut habe einen hawaiianischen Heilungsprozess mit dem Namen Ho'oponopono genutzt.

Falls die Geschichte wahr sein sollte, wollte ich mehr darüber erfahren. Ich hatte „die volle Verantwortung übernehmen" immer so verstanden, dass ich dafür verantwortlich wäre, was ICH denke und tue. Alles darüber hinaus würde nicht in meinen Händen liegen.

Ich vermute, dass die meisten Menschen volle Verantwortung so verstehen: Wir sind verantwortlich für das, was wir tun, nicht für das, was irgendwer sonst tut – aber das stimmt nicht. Der hawaiianische Therapeut, der all diese psychisch Kranken heilte, lehrte mich eine neue fortgeschrittenere Sichtweise voller Verantwortung. Sein Name ist Dr. Thalcakala Hew Len. Dr. Len erzählte mir, dass er nie Patient*innen sah. Er sah sich einfach nur ihre Akten in seinem Büro an. Während er die Akten studierte, arbeitete er an sich selbst. Und während er an sich selbst arbeitete, begann für die Patient*innen die Heilung.

Nach einigen Monaten konnte Patient*innen, die sonst in geschlossenen Abteilungen leben mussten, erlaubt werden, sich frei zu bewegen, erzählte er mir. Bei anderen, die unter starken Medikamenten gestanden hatten, konnten diese abgesetzt werden, und sie wurden entlassen. Heute ist die Station geschlossen. Nun kam ich zur für mich wichtigsten Frage: „Was taten Sie mit sich selbst, das verursacht hat, dass diese Menschen sich veränderten?"

Dr. Len antwortete: „Ich heilte einfach den Teil von mir, der sie erschaffen hatte." Ich verstand es nicht. Dann erklärte mir Dr. Len, dass volle Verantwortung heißt, dass alles, was in deinem Leben ist – einfach WEIL es in deinem Leben ist – deine Verantwortung ist.

Im wortwörtlichen Sinn ist die gesamte Welt deine Schöpfung.

Das bedeutet, dass alles (Terroranschläge, Politiker*innen, die Wirtschaftslage), was du wahrnimmst und nicht magst, von dir geheilt werden will. Diese Dinge existieren sozusagen nicht wirklich, außer als Projektionen aus deinem Inneren. Das Problem liegt nicht bei ihnen, sondern bei dir. Ich fragte Dr. Len, wie er sich selbst heilte. Was tat er genau, während er sich die Akten der Patient*innen ansah?

„Ich habe einfach immer wieder gesagt: ‚Es tut mir leid.' Und: ‚Ich liebe dich.'", erklärte er mir. „Und das ist alles?", fragte ich. „Ja, das ist alles."

03

NACHBEREITUNG
DIESES KAPITELS

1. Nimm dir einen Moment Zeit und reflektiere nochmals die Inhalte des Kapitels „Heile deine Wurzeln".

2. Ahnenforschung und Reflexion deiner Stärken: Nimm dir Zeit, über die Stärken deiner Ahnen nachzudenken. Mache eine Liste mit den Stärken, die du von ihnen geerbt hast, und betrachte sie als Quelle der Inspiration und Kraft. Auch wenn es dir vielleicht schwerfällt, weil du gegebenenfalls Schmerz oder Wut empfindest – du wirst viel mehr Kraft spüren, wenn du einmal deine Stärken anerkennst und das Positive aus deiner Ahnenlinie siehst. Erlaube dir alles, was noch blockiert und das Loslassen verhindert, zu transformieren und Schmerzen zuzulassen. Nimm ein paar tiefe und lösende Atemzüge.

3. Mache jetzt zwei Minuten das Vergebungsritual Ho´oponopono mit einem Menschen, für den du noch schwere Gefühle empfindest.

4. Nimm dir heute Abend oder dieses Wochenende bewusst Zeit für die Übung „Verbindungen lösen, die dir nicht mehr dienen". Plane JETZT einen festen Termin dafür in deinem Kalender ein.

04

KÖRPER: AKZEPTANZ & SELBSTLIEBE

Warum verschwenden wir so viel Energie darauf, unseren Körper zu kritisieren? So oft erkennen wir gar nicht, wie toll unser Körper ist. Jeden Tag leistet er so viel gute Arbeit für uns. Es scheint, als würde uns eine gesellschaftliche Instanz einflüstern, wir kämen nur mit einem perfekten Körper gut durch.

DAS ZEITALTER DER SELBSTOPTIMIERUNG

Wir leben im Zeitalter der Selbstoptimierung. Es wird nicht akzeptiert, wenn wir nicht auf unser Gewicht achten, nicht durchtrainiert sind, oder wenn wir uns nicht ausschließlich gesund ernähren. Daraus resultieren unter anderem Essstörungen. So steckt hinter Magersucht nicht primär die übermäßige Beschäftigung mit dem Körper, sondern die Ohnmacht gegenüber den enormen Forderungen von außen. Wir beschäftigen uns fast manisch mit dem Thema Essen. Manchmal habe ich den Eindruck, dass für manche ihr Ernährungs- und Trainingsplan zu einer Art Ersatzreligion geworden ist. Religion ist nicht mehr cool, dafür achten wir aber akribisch darauf, wie viele Kalorien wir zu uns nehmen, und abends Brot zu essen, ist wie das Verstoßen gegen die zehn Gebote. Es ist absurd, dass so viel über Essen nachgedacht wird. Merkmale einer Essstörung zeigen sich auch bei vielen Frauen, die per se keine Essstörung haben.

Wir leben heute in einem irre schnellen Tempo – auch durch die vielen technischen Möglichkeiten. Es ist aber nicht das Tempo, das uns Menschen biologisch entspricht. Wenn wir bei dem Tempo mithalten wollen, können wir kaum verschnaufen. Wir haben wenig Zeit, wirklich mal nach innen zu schauen und uns zu fragen: Wer bin ich eigentlich darüber hinaus? Was ist mir wirklich, wirklich wichtig?

Laurie Penny sagte mal: „Wenn alle Frauen dieser Erde morgen früh aufwachen und sich in ihren Körpern wirklich wohl und kraftvoll fühlen würden, bräche die Weltwirtschaft über Nacht zusammen." Viele Leute verdienen mit unserer Unzufriedenheit Geld. Rund 1,8 Milliarden Euro geben wir im Jahr für Diätprodukte aus.

Interessant ist auch die Aussage des berühmten Fotografen Peter Lindbergh: „Nur wer die Courage hat, sich so zu zeigen, wie er wirklich ist, ist schön." Mit unserem Versuch, perfekt zu sein, machen wir uns hässlich! Weil wir so angestrengt, verspannt und verkrampft sind, so fokussiert auf das, was wir sein wollen und doch nie sein werden. Dennoch bestärken wir uns weiterhin darin, dass wir uns einfach nur mehr anstrengen müssen. Was könnten wir alles erreichen, wenn wir die Energie, die wir ins Nachdenken über Essen stecken, anderweitig nutzen würden, zum Beispiel um uns selbst und andere besser zu verstehen?

Wir müssen etwas in unseren Köpfen verändern, statt an unseren Körpern. Wir dürfen anfangen, liebevoller und freundlicher mit uns umzugehen. Was machst du persönlich für mehr Selbstliebe?

UMARME DICH SELBST. **SEI GUT, GEDULDIG UND LIEBEVOLL ZU DIR**

Ich bin ein Mensch, der nach außen sehr stark scheint. Das liegt unter anderem wahrscheinlich daran, dass ich seit 2013 erfolgreich selbstständig bin und auch körperlich, durch Yoga sowie regelmäßig sportliche Bewegung, sehr stark erscheine. Doch es gibt diese Momente in meinem Leben, wo ich immer wieder sehr an mir zweifle. Ist das alles richtig so? Gebe ich mein Bestes? Bin ich gut genug? Seitdem ich mich erinnern kann, habe ich mich immer wieder infrage gestellt. Ich habe immer versucht, morgen besser zu sein als gestern. Doch woran messe ich mein Besser-sein? Was bedeutet es, ein guter Mensch zu sein?

Mein Maßstab eines guten Menschen hat sich immer daran gemessen, wie viel Gutes man in das Leben anderer Menschen bringt. Also habe ich immer schon sehr viel für andere getan. Ich habe stets mein Möglichstes getan, eine gute Freundin, Enkelin und Tochter zu sein. Dabei war ich immer meine größte Kritikerin. Es gibt keinen Menschen, der so kritisch mit mir ist, wie ich es mit mir bin, und das ist verdammt hart.

Immer wieder versuche ich, weich und zart zu mir zu sein. Mir zu verzeihen. Mich gut zu behandeln, so gut wie ich auch zu anderen bin. Wir alle haben diesen inneren Kritiker. Bei manchen ist er lauter, bei manchen leiser. Bei manchen ist er wohlwollend, bei manchen zerstörerisch.

Die Wurzeln dieser Selbstkritik liegen oft in unserer Kindheit, in der die wenigsten von uns so viel Liebe bekommen haben, wie sie es sich gewünscht haben. Wer wurde schon tatsächlich bedingungslos geliebt? Wer ist dazu imstande, bedingungslos zu lieben? Wenn wir ehrlich sind, dann können wir es wahrscheinlich selbst nicht, und die meisten Eltern können es auch nicht. Wenn wir uns selbst nicht wirklich tief lieben oder wenigstens akzeptieren, wie sollen wir dann bedingungslos andere Menschen lieben?

Ich lade dich dazu ein, deinen inneren Kritiker zu akzeptieren. Er ist nun mal da. Mit dieser Akzeptanz kannst du Wege finden, wohlwollend und liebevoll mit dir umzugehen. Du verdienst es, bedingungslos geliebt zu werden. Mit allen deinen hellen und dunklen Seiten. Mit allen Aspekten deiner einzigartigen Persönlichkeit. Du bist ein Wunder von Kopf bis Fuß. Vergiss das nie, du wundervoller Mensch.

Vergiss nicht, wer du bist. Solltest du es mal vergessen haben, weil du über einen Stolperstein in deinem Leben gefallen bist, oder weil du zu viel an dir oder deinem Aussehen zweifelst, dann ist das jetzt deine Erinnerung:

Du bist genug. Du bist gut. Du bist Liebe.

LIEBE HAT KEINE (KLEIDER-)GRÖSSE

Vor ca. acht Jahren sah ich diesen Beitrag auf Instagram von Jenna Kutscher:

Copyright: Jenna Kutscher

Ich habe danach angefangen, ihren Account regelmäßig anzuschauen, und er hat mich sehr berührt. Dann schaute ich mir den Account ihres Mannes an, Mr. Sixpack himself. Ein wunderschöner Mann von innen und von außen. Er schreibt so liebevoll und wertschätzend über seine Frau. Mit jedem Beitrag seines Accounts war ich mehr und mehr gerührt, am Ende saß ich da und mir liefen Tränen übers Gesicht.

So etwas kannte ich damals leider noch nicht. Ich kannte leider (NOCH) keine bedingungslose Liebe zwischen Mann und Frau. Was ich in meiner Kindheit kennenlernen durfte, war verletzend und traurig. Wenn ich an meine Mama in meiner Kindheit denke, erinnere ich mich an sie, wie sie immer Magerjoghurt mit Süßstoff zu sich nimmt oder Garnelen, weil die wenig Kalorien haben. So deutlich erinnere ich mich an ihre Abnehm-Shakes und ihre vielen Worte über ihr Gewicht.

Wenn ich an meinen Vater denke, erinnere ich mich daran, wie er Mama und mich beleidigte, wir seien zu dick. Ständig ging es nur um das Außen, wie sportlich du bist oder welche Leistung abgeliefert wurde. Er sagte zu mir, dass sich ständig mein Kiefer bewegen würde. Ich fragte: „Weil ich so gerne Geschichten erzähle?", er antwortete, „Weil du nur am Fressen bist". Ich erinnere mich, wie er mir in meinen Rücken und Hintern getreten hat und mich anschrie, ich solle endlich meinen fetten Arsch bewegen. Ich erinnere mich daran, wie ich mit Verdacht auf eine Blutvergiftung im Thailandurlaub drei Tage im Bett liegen musste und er ständig fragte, ob er die Spiegel zuhängen solle. Ich verstand das überhaupt nicht. Am dritten Tag fragte ich ihn nach dem Grund und er antwortete: „Damit du nicht sehen musst, wie hässlich du bist." Ich erinnere mich daran, wie er mir als kleines Mädchen mehrmals die Gabel in meinen linken Handrücken stach, um mir Essmanieren beizubringen. Diese schmerzhaften Erfahrungen führten dazu, dass ich mit ca. zwölf Jahren eine Essstörung entwickelte und sehr oft von zu Hause weglief.

Es hat so viele Jahre gedauert, diese tiefen Wunden zu heilen. Heute sind sie geheilt, weil ich mich dazu entschieden habe, dass dies mein Leben ist. Es hat einen Sinn, dass ich hier bin. Bis heute sind die Narben auf meiner Haut und in meinem Herzen. Manchmal blicke ich zurück und denke, wow, was ich alles durchgemacht habe, und trotzdem bin ich so freundlich und liebevoll. Ich glaube, nein, ich weiß, ich kann stolz auf mich sein. Ich glaube, dass ich mit meiner Liebe, meiner Lebenserfahrung und meiner Kompetenz durch Studium und Ausbildungen, aber vor allem durch meine Sensibilität und mein Feingefühl Menschen heute sehr gut in Coachings, Onlinekursen und Seminaren unterstützen kann, zu heilen. Ich kann sie begleiten, ihre Berufung zu finden, damit erfolgreich zu werden und ein GANZER MENSCH zu sein.

Liebe heilt. Also LIEBE DICH. Schaue einmal hoch und runter an dir und nimm dich jetzt so an, wie du bist. Schenke dir selbst all die Liebe und Wertschätzung, die du dir sonst so oft von außen wünscht. Liebe dich selbst bedingungslos. Am Ende des Buches stelle ich dir noch einige

Tools vor, die dir bei dem Prozess der Annahme und Akzeptanz behilflich sind. Denn sich selbst und alles, was wir durchgemacht haben, anzunehmen, ist nicht einfach. Falls es dir schwerfallen sollte, atme tief durch und lies das Buch weiter. Du bist auf einem guten Weg und kannst dich jetzt schon mal dafür wertschätzen, dass du dir gerade diese Zeit für dich und die Steigerung deiner Resilienz nimmst.

Heute fühle ich mich wohl in meinem Körper. Ich habe ihn endlich akzeptiert und angenommen, so wie er ist. Mein Körper ist für mich. Mein Körper ist wunderschön, auch oder gerade wegen der Narben, gerissener Haut und dünnem Haar.

Auf dem Weg zu dieser Heilung haben mir zwei Dinge sehr geholfen:

Zum einen, Selbstliebe zu etablieren. Mir immer wieder liebevoll zu sagen: Ich bin Liebe und alles um mich herum ist Liebe. Diesen Satz sage ich mir selbst täglich. Vor allem nach dem Yoga sowie morgens nach dem Aufstehen und abends vor dem Einschlafen.

Zum anderen hat mir die Beschäftigung mit dem Thema emotionaler Hunger sehr geholfen. Im nächsten Kapitel werde ich intensiver auf dieses Thema eingehen.

Oft habe ich gegessen oder nicht gegessen wegen Stress, Angst, Druck, Einsamkeitsgefühlen und/oder Existenzängsten. Jedoch kann Essen langfristig solche Gefühle und Gedanken nicht lösen. Daher fing ich an, mir anzuschauen, was gesehen und gefühlt werden möchte. Ich widmete mich allen Herausforderungen – achtsam und lösungsorientiert.

Heute habe ich sowohl eine gute Beziehung zum Thema Essen entwickelt als auch zu meinem Körper. Vielleicht dauert es ein paar Jahre. Aber ich glaube fest daran, dass es möglich ist, einen gesunden Umgang mit sich selbst, seinem Körper und Essen zu lernen.

Ganz ehrlich, es ist weder einfach, das hier zu schreiben noch es öffentlich zu teilen. Viele Jahre habe ich mich dafür geschämt, was mir passiert ist und wie sehr ich meinen Körper verurteilt habe. Aber hör bitte sofort damit auf, dich für irgendetwas zu schämen, denn Scham ist schlechte

Energie mit niedrig schwingender Frequenz. Seitdem ich das verstanden habe, schäme ich mich für gar nichts mehr – warum auch?

Tief in mir kam das Bedürfnis auf, es mit dir zu teilen. Um Hoffnung zu schenken, dass du, egal, was du erlebt hast, es auch überwinden kannst. Es ist immer deine Entscheidung, was du aus deinem Leben machen möchtest. Du hast dein Leben in der Hand. Du triffst deine Entscheidungen. Auch wenn wir in der Kindheit Gewalt oder zu wenig Liebe erlebt haben, kannst du dich für Liebe entscheiden und es besser, liebevoller, achtsamer oder freundlicher machen als deine Eltern.

ES LIEGT IN DEINER HAND – **ENTSCHEIDE DU SELBST**

Auch wenn es vielleicht auf den ersten Blick nicht so aussieht, haben unsere Eltern ihr Bestes gegeben und wussten es nicht besser. Sie hatten auch wiederum Eltern und haben vermutlich sogar noch Schlimmeres erlebt. Mein Vater ist von seinem Vater oft fast tot geschlagen worden; wäre meine Oma nicht dazwischen gegangen, hätte er ihn mit einer Eisenstange erschlagen. Doch das ist keine Rechtfertigung dafür, selbst gewalttätig zu werden. WIR HABEN IMMER EINE WAHL.

Wir können uns immer entscheiden: Wollen wir diesen Weg von physischer oder psychischer Gewalt weitergehen und/oder weitergeben? Oder entscheidest du auch, so wie ich das gemacht habe, dass jetzt Liebe angesagt ist. Ich habe das tatsächlich so zu meinem Vater gesagt: „Ich mache nicht mehr mit, bei diesem Opfer-/Täter-/Schuld-Spiel. Ab jetzt ist hier Liebe angesagt." Wenn er anfängt, seine Stimme zu erheben, sage ich: „Wir reden freundlich und respektvoll miteinander." Und er hört auf mich, weil er weiß, es gibt nur eine Warnung, danach stehe ich auf und verlasse den Raum. Du darfst lernen, klare Grenzen zu setzen und diese klar zu kommunizieren.

Die Person, die ruhig bleibt, gewinnt.

Kein Groll und keine Schuldzuweisungen. Lass das alles los, du wundervolle Seele. Es ist gut. Du bist Liebe. Wenn du glühende Kohlen nach jemandem schmeißen möchtest, dann hältst du sie und verbrennst dir selbst die Hände. Eine entschlossene Haltung für Heilung und Liebe ist viel mehr als Vergebung. Sie bedeutet, loszulassen und die vielen Bewertungen beiseitezuschieben – es ist, wie es ist. Wir dürfen uns heute als erwachsene Menschen selbst gut um uns kümmern, unsere Themen heilen und unser Bestes geben.

Oft werde ich gefragt, wie heute das Verhältnis zu meinen Eltern ist. Zu ihrer Überraschung antworte ich: „Ganz gut." Denn ich habe mich verändert, ich bin in meiner Ruhe und in meiner Klarheit, ich habe meine Grenzen gesetzt und meine Vergangenheit akzeptiert. Wenn wir uns erlauben, dass unsere Vergangenheit unsere Lehrmeisterin sein darf und wir uns für Heilung sowie Transformation öffnen, können wir lernen, aus diesen Herausforderungen gestärkt hervorzugehen. Genau diese seelische Widerstandskraft nennt man Resilienz.

Ich sehe die Dinge heute viel gelassener. Ich weiß immer, dass mein Kern von allem, was mir passiert, unberührt bleibt. Am heutigen Tag entscheide ich mich für Heilung und Liebe, für was entscheidest du dich? Vergiss nicht: Ein lieber Gedanke von dir ist Gold wert.

BEFREIE DICH VON SCHAM – **DEIN KÖRPER, DEIN KUNSTWERK**

In einer Welt, die oft von unrealistischen Schönheitsidealen und Standards geprägt ist, sollte kein Mensch jemals das Gefühl haben, sich für seinen wundervollen Körper schämen zu müssen. Der Körper eines Menschen ist ein Kunstwerk der Natur, eine Manifestation von Schönheit, Stärke und Vielfalt. Du bist ein Meisterwerk auf deine individuelle Art und Weise.

Scham ist eine Emotion, die auf niedriger Frequenz schwingt und eine erdrückende Wirkung auf das Selbstwertgefühl haben kann. Sie hält davon ab, sich selbst in voller Pracht zu akzeptieren und zu feiern. Scham erzeugt ein Gefühl der Unzulänglichkeit, das dem eigenen Körper und den natürlichen Merkmalen eine negativ gefärbte Bedeutung gibt.

Es ist wichtig zu erkennen, dass der Körper eines Menschen so viel mehr ist als nur sein äußeres Erscheinungsbild. Er ist ein Instrument der Kraft, der Geburt, der Liebe und der Fähigkeit, Leben zu schenken.

Speziell auf Frauen bezogen: Wir Frauen durchleben jeden Monat einen neuen Zyklus mit vier Jahreszeiten (dazu später mehr im Kapitel „Women Code"), mit vier unterschiedlichen Qualitäten und Manifestationspotenzial sowie Phasen von Rückzug, Loslassen, Kommunikation, Kreativität und Kreation. Frauen können (nicht alle können/nicht alle wollen; no judgement!) einen neuen Menschen kreieren mit unserem Körper und produzieren dann auch noch Milch, um ein Baby zu ernähren. Wenn das kein Wunder ist, dann weiß ich auch nicht.

Jede Kurve, jedes Merkmal, jede Narbe erzählt eine einzigartige Geschichte und ist ein Ausdruck der Individualität und der Lebensreise eines Menschen. Indem wir unsere Körper lieben und akzeptieren, setzen wir ein Zeichen der Selbstannahme und des Selbstwertgefühls. Es ist ein Akt der Befreiung, sich von gesellschaftlichen Erwartungen zu lösen und die eigene Schönheit in ihrer Authentizität zu umarmen.

Es ist an der Zeit, dass wir uns gegenseitig ermutigen, stolz auf unsere Körper zu sein, unabhängig von Formen, Größen oder Farben. Wenn wir lernen, uns selbst mit Freundlichkeit, Respekt und Liebe zu begegnen, senden wir eine positive Schwingung aus, die nicht nur unser eigenes Leben bereichert, sondern auch andere inspiriert, das Gleiche zu tun.

Jeder Körper ist einzigartig und wunderschön auf seine Weise. Es ist an der Zeit, die Scham loszulassen und die Schönheit im eigenen Körper zu feiern. Indem Menschen Körperakzeptanz kultivieren, erheben sie sich zu einer höheren Schwingung der Selbstachtung und schaffen ein Umfeld, in dem Authentizität und Selbstbewusstsein gedeihen können.

04

NACHBEREITUNG
DIESES KAPITELS

1. Nimm dir einen Moment Zeit und reflektiere nochmals die Inhalte des Kapitels „Körper – Selbstakzeptanz & bedingungslose Liebe uns selbst gegenüber“.

2. Liebevolle Achtsamkeitsübung: Nimm dir bewusst Zeit, um deinen Körper zu spüren. Schließe die Augen, atme tief ein und aus. Fokussiere dich auf jede Körperregion und sende positive Gedanken dorthin.

3. Akzeptanzliste: Schreibe eine Liste mit Aspekten deines Körpers, die du akzeptierst und schätzt. Betone dabei nicht nur äußerliche Merkmale, sondern auch die Funktionalität deines Körpers.

4. Empowerment-Übung: Überlege dir eine Situation, in der du dich in deinem Körper besonders stark und selbstbewusst gefühlt hast. Visualisiere diese Situation, um ein Gefühl der Stärke zu kultivieren.

5. Liebesbrief an dich selbst: Schreibe einen Liebesbrief an deinen eigenen Körper, in dem du all die Dinge betonst, die du an ihm schätzt und liebst.

6. Kollektive Reflexion: Diskutiere mit Freunden oder deiner Community über die gesellschaftlichen Erwartungen an den Körper. Teile Erfahrungen und unterstützt euch gegenseitig in einem positiven Körperbild.

7. Kreativer Ausdruck: Nutze kreative Ausdrucksformen wie Malen, Schreiben oder Tanzen, um deine Gefühle und Gedanken bezüglich deines Körpers auszudrücken. Dies kann eine befreiende und transformative Erfahrung sein. Mir hilft Tanzen und Yoga enorm, meinen Körper zu spüren, zu akzeptieren und anzunehmen. Plane JETZT einen festen Termin ein, dir Zeit für dich zu nehmen.

05

EMOTIONALER HUNGER

*Im Gegensatz zum physischen Hunger, der durch den Körper verursacht wird, resultiert emotionaler Hunger aus Gefühlen – Stress, Einsamkeit, Traurigkeit, Unsicherheit, Mangel an Geborgenheit, Unzufriedenheit. Viele meiner Klient*innen, die sich viel zu viel aufgeladen haben, betreiben emotionales Essen. Denn Essen beschwert sich nicht, Essen stellt keine Ansprüche und hat keine Erwartungen an dich.*

DEN EMOTIONALEN HUNGER HEILEN

Kurzfristig funktioniert es enorm gut, seine Gefühle oder Stress „wegzuessen", doch dies ist mittel- und langfristig keine befriedigende Lösung. Ich habe oft gesehen, dass Klient*innen so viel geben, dass am Ende für sie selbst keine Energie mehr übrig bleibt. Dieses Leck an Energie wird dann versucht, mit Essen aufzufüllen. Für deine Resilienz ist es äußerst wichtig, emotionalen Hunger zu verstehen und zu lösen. Hier sind einige Gründe, warum es wichtig ist, den emotionalen Hunger zu heilen:

Stressbewältigung: Emotionaler Hunger kann eine Form der Bewältigung von Stress oder unangenehmen Emotionen sein. Wenn du lernst, gesunde Bewältigungsstrategien wie Achtsamkeit, Meditation oder das Teilen von Gefühlen zu verwenden, anstatt emotional zu essen, stärkst du deine Fähigkeit, mit stressigen Situationen umzugehen.

Gesunde Emotionsregulation und mehr Bewusstsein: Indem du dich bewusst mit deinen Emotionen auseinandersetzt und lernst, sie zu erkennen und zu akzeptieren, ohne sie zu unterdrücken oder zu vermeiden, förderst du eine gesunde Emotionsregulation. Dies ist entscheidend, um widerstandsfähiger gegenüber deinen Herausforderungen zu sein.

Stärkung des Selbstbewusstseins: Die Fähigkeit, sich mit seinen Emotionen auseinanderzusetzen und angemessen darauf zu reagieren, stärkt das Selbstbewusstsein und fördert ein gesundes Selbstbild. Das Verständnis für deine emotionalen Bedürfnisse ermöglicht es dir, für dich selbst zu sorgen und dich selbst besser zu verstehen.

Langfristiges Wohlbefinden: Durch die Heilung von emotionalem Hunger entwickelst du langfristige, gesunde Strategien, um dein Wohlbefinden zu fördern. Dies kann sich positiv auf deine mentale und physische Gesundheit auswirken.

WAS IST EMOTIONALER HUNGER?

"We eat the way we eat because we are afraid to feel what we feel."
– Geneen Roth

Es gibt zwei grundlegende Formen des Hungers: zum einen den physischen Hunger nach Nahrung und den emotionalen Hunger nach Erfüllung, Halt, Ruhe oder Trost. In unserer hektischen Welt kommt es häufig vor, dass wir uns mit Essen belohnen oder unserem emotionalen Hunger nachgeben. Als Belohnung nach einem langen, stressigen Tag geht man zum Beispiel schön essen. Ob es der Trost nach einem stressigen Tag ist oder die Belohnung für eine erledigte Aufgabe – Essen wird oft als Mittel zur Bewältigung von Emotionen eingesetzt. Doch was genau steckt hinter diesem Verhalten, und wie können wir bewusster damit umgehen?

Forscher haben herausgefunden, dass emotionales Essen oft durch negative Empfindungen wie Stress, Angst, Unzufriedenheit oder Sorgen ausgelöst wird. Wenn wir uns nicht gut fühlen oder langweilen, neigen viele dazu, nach Nahrung zu greifen, um vorübergehende Befriedigung zu finden. Dieses Verhalten kann zu einem Teufelskreis führen, in dem wir uns immer wieder mit Essen trösten, ohne uns wirklich bewusst zu sein, warum wir essen und ob wir wirklich hungrig sind.

Ja, wir alle machen es manchmal. Wir alle haben schon mal „emotional gegessen". Es ist interessant zu erkennen, dass jeder Mensch mal emotionalen Hunger verspürt oder sich mit Essen belohnt. Wir alle haben uns schon mal zu einem besonderen Anlass wie einer Geburtstagsfeier ein zweites Stück Kuchen gegönnt oder nach einem stressigen Tag eine leckere Pizza oder Schokolade.

Problematisch wird es dann, wenn emotionales Essen und Fressattacken überhand nehmen und alles aus dem Ruder läuft. Dann beobachte ich bei Klient*innen, wie mit krassen Diäten oder Extremsport versucht wird, entgegenzusteuern. Solch ein Hin-und-Her-Verhalten, welches auch als Jojo-Effekt beschrieben wird, kostet sehr viele Nerven und ist nicht gerade förderlich für unsere Resilienz. Oder wenn so viel gegessen wird, dass dieses Zuviel krank macht, denn jeder Vierte in Deutschland leidet an Adipositas. Eine nicht kleinzuredende Zahl an Menschen, die als krank gelten durch ihr Zuviel – vielleicht auch ein Zuviel an unverarbeiteten Emotionen wie Angst, Stress oder Sorgen. All dies sind Kompensationsversuche. Es wird zum Beispiel Süßes gegessen, statt zu schauen, wo die Angst herkommt und wie man mit ihr gesund umgehen kann. Daher ist meine Idee: Lasst uns mehr Bewusstsein in unsere Essentscheidungen bringen.

Es geht mir vor allem darum, dass du in deinem Verhalten bewusster wirst. Denn eine Studie der University of Cambridge fand heraus, dass das Bewusstsein über unsere Emotionen und Essgewohnheiten dazu beiträgt, emotionales Essen zu reduzieren. Indem wir lernen, unsere Emotionen zu erkennen und alternative Bewältigungsstrategien zu entwickeln, können wir weniger anfällig für impulsives übermäßiges Essen werden.

Eine weitere Studie der Stanford University ergab, dass das Praktizieren von Achtsamkeit, insbesondere beim Essen, dazu beitragen kann, bewusster zu essen und eine gesündere Beziehung zum Essen aufzubauen. Indem wir uns auf den Moment konzentrieren und unsere Sinne während des Essens einsetzen, können wir mehr Genuss und Erfüllung aus unserer Nahrung ziehen, anstatt sie einfach nur mechanisch zu konsumieren oder herunterzuschlingen. Das bewusste Kauen und Zerkleinern unserer Mahlzeit ist dabei der erste wichtige Schritt der Verdauung. Es ist wichtig zu bedenken, dass unser Darm keine Zähne hat. Durch gründliches Kauen können wir nicht nur die Nahrung besser aufspalten und die Nährstoffaufnahme verbessern, sondern auch unser Sättigungsgefühl besser wahrnehmen. Studien haben gezeigt, dass Menschen, die langsamer essen und gründlicher kauen, dazu neigen, weniger zu essen und ein besseres Gewichtsmanagement zu haben.

Darüber hinaus kann das bewusste Kauen und Genießen jedes Bissens dazu beitragen, dass wir uns schneller satt fühlen und weniger dazu neigen, übermäßig zu essen. Indem wir uns Zeit nehmen, jeden Bissen zu schätzen und die Aromen vollständig wahrzunehmen, können wir auch das Bedürfnis nach übermäßigem Essen reduzieren.

Um die Unterschiede zu verdeutlichen, habe ich die Merkmale aufgelistet, die physischen Hunger und emotionalen Hunger kennzeichnen:

PHYSISCHER HUNGER

→ „wahrer" Hunger

→ physisches Bedürfnis nach Nahrung/Nährstoffen

→ entsteht langsam, steigert sich mit der Zeit

→ lässt sich durch die benötigte Menge an Nahrung stillen

→ sofern gestillt, tritt ein Wohlgefühl ein

→ Nahrungsmittel variieren stark, je nach den Bedürfnissen des Körpers

→ entspanntes Essen ist möglich

→ bewusster Vorgang

→ kann zu beliebigen Zeiten auftreten

EMOTIONALER HUNGER

→ Heißhunger oder Appetit

→ stark verminderte Nahrungsaufnahme

→ emotionales Bedürfnis nach Fülle/Spannungsabbau

→ plötzliches Auftreten in all seiner Intensität

→ lässt sich durch Essen nicht stillen; Gefühl, immer mehr essen zu müssen; bodenloses Fass

→ Essen ist häufig mit Scham und Schuldgefühlen verbunden

- → häufige Nahrungsmittel: süß, salzig, fettig und vor allem kalorienhaltig
- → impulsives Essverhalten, Kontrollverlust
- → komplette Verweigerung
- → unbewusster, automatisierter Vorgang
- → an bestimmte Gegebenheiten gebunden
- → emotionales Bedürfnis nach Kontrolle/Leere; Leichtigkeit
- → plötzliches Sich-zugeschnürt-Fühlen, häufig (unbewusst) lang anhaltende Appetitlosigkeit
- → Nicht-Essen ist häufig mit Stolz verbunden, jedoch machen sich langfristig Symptome/Störungen bemerkbar (Depression)
- → Süßstoffe, Kaugummis, hohe Mengen an Flüssigkeit etc.

Lerne, auf die wahren Bedürfnisse deines Körpers zu hören und deine persönlichen Grenzen zu achten. Essen an sich ist nie das Problem. Um herauszufinden, wo „der Schuh drückt", möchte ich dir im Folgenden die fünf Körperhüllen des Menschen vorstellen.

DIE FÜNF KÖRPERHÜLLEN **DES MENSCHEN**

Das Modell der fünf Körperhüllen des Menschen, auch bekannt als die „Koshas", stammt aus den traditionellen Schriften des Hinduismus und des Yoga. Diese Schriften beschreiben den Menschen als ein komplexes Wesen, das aus verschiedenen Ebenen oder Schichten besteht, die sich ineinander verschachteln und aufeinander wirken.

Die fünf Koshas sind:

Annamaya Kosha (Nahrungshülle): physischer Körper, Bewegungsapparat, Organe

Dies ist die äußerste Schicht und entspricht dem physischen Körper. Sie umfasst den gesamten Körper, einschließlich der Organe, Muskeln, Knochen und der äußeren Hülle des Körpers. Diese Schicht wird durch Nahrung aufrechterhalten und steht in direktem Zusammenhang mit der physischen Gesundheit.

Pranamaya Kosha (Energiehülle): Energiehaushalt, Ausdauer, Lebenskraft (Prana)

Diese Schicht bezieht sich auf die Energie oder Lebenskraft, die den Körper durchströmt und seine vitalen Funktionen aufrechterhält. Prana wird oft als Atemenergie oder Lebensenergie beschrieben und ist für die Atmung, den Stoffwechsel und andere lebenswichtige Funktionen verantwortlich.

Manomaya Kosha (emotionale Hülle): Emotionen/Gefühle, Unterbewusstsein, Wünsche, Handlungstendenzen, Sinneswahrnehmungen

Diese Schicht umfasst die emotionalen und mentalen Aspekte des Menschen. Sie beinhaltet Gefühle, Emotionen, Gedanken und Handlungstendenzen. Diese Schicht beeinflusst maßgeblich unsere psychische Gesundheit und unser Verhalten.

Vijnanamaya Kosha (intellektuelle Hülle): Ego, Intellekt (Vernunft), logisches Denken, Urteils-, Entscheidungsvermögen

Hierbei handelt es sich um die Ebene des Intellekts und des Bewusstseins. Diese Schicht beinhaltet das Ego, das rationale Denken, das Urteilsvermögen, die Entscheidungsfähigkeit und die Intuition. Sie ermöglicht es uns, die Welt um uns herum zu verstehen und darauf zu reagieren.

Anandamaya Kosha (Wonnehülle): höhere Intelligenz, Lebensthemen, der wahre Sinn, Karma

Die innerste Schicht ist die Ebene der Glückseligkeit oder des reinen Bewusstseins. Sie repräsentiert unser spirituelles Selbst und ist mit der höchsten Ebene des Bewusstseins verbunden. Diese Schicht steht über den anderen Koshas und verkörpert die Essenz unseres Seins.

Das Modell der fünf Körperhüllen des Menschen veranschaulicht die ganzheitliche Natur des menschlichen Seins und betont die untrennbare Verbindung zwischen Körper, Geist und Seele. Es bietet eine umfassende Perspektive auf das menschliche Leben und dient als Grundlage für verschiedene spirituelle Praktiken und Selbstentwicklungstechniken, wie etwa Yoga und Meditation.

EMOTIONALES ESSEN UND DIE KOSHAS

Emotionales Essen ist oft eine Reaktion auf innere emotionale Bedürfnisse oder Belastungen. Das Modell der Koshas kann dabei helfen, diese Zusammenhänge besser zu verstehen. Wenn wir beispielsweise durch Stress oder negative Emotionen wie Traurigkeit belastet sind, kann sich das auf die emotionale Hülle (Manomaya Kosha) auswirken. Diese Schicht umfasst unsere Gefühle, Emotionen und Handlungstendenzen. Das Essen wird dann möglicherweise als Mittel verwendet, um diese Emotionen vorübergehend zu betäuben oder zu befriedigen. Indem wir lernen, unsere emotionalen Bedürfnisse auf anderen Ebenen zu erfüllen, können wir den Zwang zum emotionalen Essen verringern.

RESILIENZ UND DIE KOSHAS

Resilienz bezieht sich auf die Fähigkeit, sich an Stress, Herausforderungen und Rückschläge anzupassen und gestärkt daraus hervorzugehen. Das Konzept der Koshas kann helfen, die verschiedenen Aspekte der Resilienz zu verstehen und zu fördern. Zum Beispiel kann die Stärkung der Energiehülle (Pranamaya Kosha) durch regelmäßige Bewegung, Meditation und Atemtechniken dazu beitragen, die Widerstandsfähigkeit gegen Stress zu verbessern. Die Entwicklung des intellektuellen Aspekts (Vijnanamaya Kosha) durch Bildung, Reflexion und Selbstbewusstsein kann dazu beitragen, eine positive Denkweise zu kultivieren und Herausforderungen konstruktiv anzugehen. Auf der spirituellen Ebene (Anandamaya Kosha) kann die Verbindung zu einem höheren Sinn oder einer spirituellen Praxis beitragen, Hoffnung und Sinnhaftigkeit zu finden, auch in schwierigen Zeiten.

DIE DREI SÄULEN DER **YOGA-PHILOSOPHIE**

Wie du beim Lesen des vorherigen Abschnitts schon erahnen kannst, geht es in diesem Kapitel auch um Yoga. Denn mir hat Yoga und die damit einhergehende Achtsamkeit sehr geholfen, zum einen mein emotionales Essen zu heilen und zum anderen resilienter zu werden. Die Yogamatte ist für mich wie ein Rettungsboot, wenn mein Schiff droht zu kentern, weil der Sturm im Außen zu stark ist. Die drei Säulen der Yoga-Philosophie lauten:

1. Die fünf Körper sind miteinander verknüpft und beeinflussen sich gegenseitig durch spezielle Zentren in der Wirbelsäule, die Chakren.

2. Die Energie, die durch diese Zentren fließt, nennt sich Prana.

3. Diese Energie fließt durch Kanäle, die man auch Nadis nennt. Diese Nadis befinden sich im Bindegewebe (in den Faszien).

Ziel ist es, diese Energie in allen fünf Körpern gleichmäßig fließen zu lassen, um sie auszubalancieren. Dies geschieht durch die regelmäßige Praxis von beispielsweise:

→ Körperübungen (Asanas)

→ Atemtechniken (Pranayama)

→ Meditation (Dyana)

→ diversen anderen Praktiken wie dem Chanting, dem Singen von Mantras

→ *Im Mitgliederbereich findest du eine Anleitung und Audios zu den Praktiken: www.seelenschokolade.com*

Folgende Schritte erweisen sich als hilfreich, um den „emotionalen Hunger" in den Griff zu bekommen:

1. Emotionalen Hunger in seiner Gesamtheit betrachten (d. h. sowohl Über- als auch Unteressen bewusst als Teile eines gemeinsamen Spektrums wahrnehmen)

2. Sicherstellen, dass Phasen des emotionalen „Unteressens" nicht zur Messlatte des Essverhaltens werden

3. Den Körper zunächst auf physischer Ebene ausreichend nähren, um Phasen des Hungers und Kontrollverlustes einzudämmen (intuitives Essen).

4. Emotionsarbeit: Lerne, deine Emotionen und Gefühle anzunehmen und mit ihnen umzugehen. Lerne, Grenzen zu setzen und Nein zu sagen zu Dingen, die du nicht möchtest.

SPIRITUELLER HUNGER: WENN DIE SEELE HUNGERT

In Zeiten von Herausforderungen und Stress kann unser innerer Kompass manchmal aus dem Gleichgewicht geraten. Während wir uns bemühen, resilient zu sein und den Anforderungen des Alltags standzuhalten, können wir uns dennoch von einem unsichtbaren Drang getrieben fühlen. Dieser Drang kann sich als ein impulsives Verhalten manifestieren, das über das bloße Bedürfnis nach Nahrung hinausgeht und tiefer liegende Bedürfnisse unserer Seele widerspiegelt.

Forschungen haben gezeigt, dass es eine enge Verbindung zwischen Resilienz und dem inneren Wohlbefinden gibt. Menschen, die resilient sind, neigen dazu, besser mit Stress umgehen zu können, sie haben ein höheres Maß an psychischem Wohlbefinden. Doch selbst die resilientesten unter uns können sich manchmal von einem Gefühl der Unzufriedenheit oder Leere überwältigt fühlen.

Eine interessante Studie aus dem Bereich der Psychologie legt nahe, dass emotionales Essen – das Essen als Reaktion auf emotionale Bedürfnisse anstatt auf körperlichen Hunger – oft auf einen Mangel an innerer Erfüllung hinweisen kann. Wenn wir uns gestresst, überfordert oder unglücklich fühlen, können wir dazu neigen, Nahrung als Trostmittel zu verwenden, um vorübergehend unsere Emotionen zu betäuben.

DIE WAHREN GRÜNDE **DES ESSDRANGS**

→ Hinter den Impulsen des emotionalen Hungers verstecken sich häufig ganz andere Auslöser als wir annehmen.

→ Genau genommen reicht der Begriff des emotionalen Hungers meist nicht aus, um dem Phänomen gerecht zu werden.

→ Emotionale Essimpulse können als Hilferuf der Seele verstanden werden; nach dem Prinzip: „Wenn die Seele hungert, drückt sich dies durch Veränderungen im Essverhalten aus."

→ Ein angemessener Begriff für diese Art des Hungers stellt der spirituelle Hunger dar.

Für mich eine gute Lösung für spirituellen Hunger und auch für mehr Resilienz:

Eine für mich persönlich tolle Lösung, die sowohl auf spiritueller als auch auf körperlicher Ebene wirken kann, ist Yoga. Damit meine ich nicht, dass du dich verrenken musst bis zum Geht-nicht-mehr, du brauchst auch keinen Spagat zu können. Für den Anfang würde es vollkommen reichen, dich mal auf die Matte zu setzen, zu atmen und zu spüren, wie es dir jetzt gerade geht.

→ *Im Mitgliederbereich findest du Yoga-Videos und eine Chakra-Meditation: www.seelenschokolade.com*

Studien haben gezeigt, dass regelmäßige Yoga-Praxis nicht nur die körperliche Gesundheit verbessern kann, sondern auch positive Auswirkungen auf das psychische Wohlbefinden hat. Yoga umfasst nicht nur körperliche Aspekte wie Asanas (Körperhaltungen) und Pranayama (Atemübungen), sondern bietet auch Werkzeuge zur Förderung von Achtsamkeit, Selbstreflexion und spirituellem Wachstum.

Durch Yoga können wir lernen, uns mit unserem inneren Selbst zu verbinden und unsere Aufmerksamkeit auf den gegenwärtigen Moment zu lenken. Dies kann uns helfen, uns von stressbedingten Gedanken und Emotionen zu lösen und einen Zustand innerer Ruhe und Gelassenheit zu erreichen.

Darüber hinaus bietet Yoga uns die Möglichkeit, unseren Körper besser kennenzulernen und ihn mit liebevoller Aufmerksamkeit zu behandeln.

Indem wir uns durch Yoga-Praxis mit unserem Körper verbinden, können wir ein tieferes Verständnis für unsere Bedürfnisse entwickeln und lernen, sie auf gesunde und unterstützende Weise zu erfüllen.

Yoga kann auch eine Brücke zu unserem spirituellen Selbst sein, indem es uns hilft, die Verbindung zu unserer inneren Essenz zu vertiefen und ein Gefühl von Zweck und Erfüllung zu finden. Durch Meditation, Mantras und spirituelle Lehrmethoden können wir unseren spirituellen Hunger stillen und eine tiefere Ebene inneren Wohlbefindens erreichen.

Indem wir Yoga in unser Leben integrieren, können wir nicht nur unsere Resilienz stärken, sondern auch einen Weg zu einem erfüllten und ganzheitlichen Leben finden. Es ist eine Praxis, die uns daran erinnert, dass wahre Erfüllung nicht im Außen zu finden ist, sondern in der Verbindung zu unserem inneren Selbst und dem größeren Ganzen.

YOGA ZUR STÄRKUNG DER RESILIENZ UND **BEFREIUNG VON EMOTIONALEM HUNGER**

Für mich ist Yoga ein wichtiger Schlüssel auf meinem Weg zur Stärkung der Resilienz und zur Befreiung von emotionalem Hunger.

Es gibt Momente im Leben, in denen sich alles überwältigend anfühlt – Stress, Angst, Unsicherheit. In solchen Momenten fühlte ich mich oft verloren, wie auf einem stürmischen Meer ohne Kompass. Ich suchte verzweifelt nach einem Anker, nach etwas, das mir Halt gab und mich wieder ins Gleichgewicht brachte.

Und dann fand ich Yoga. Es war wie ein Licht in der Dunkelheit, das mir den Weg zeigte. Durch Yoga habe ich gelernt, mich mit meinem Körper, meinem Geist und meiner Seele zu verbinden. Jede Asana, jede Atemübung wurde zu einem Werkzeug, das mir half, meine inneren Stürme zu beruhigen und eine tiefere Ebene des Friedens zu erreichen.

Yoga half mir nicht nur dabei, meinen Körper zu stärken und flexibler zu machen, sondern auch meine Gedankenmuster zu erkennen und zu transformieren. Ich lernte, achtsamer zu sein, sowohl mir selbst gegenüber als auch gegenüber den Menschen und Situationen um mich herum. Durch die Praxis der Meditation fand ich einen Raum der Stille und des Friedens inmitten des Chaos des Alltags.

Aber das größte Geschenk, das Yoga mir gab, war die Erkenntnis, dass der wahre Hunger, den ich in mir trug, nicht durch äußere Dinge gestillt werden konnte. Es war ein spiritueller Hunger, eine Sehnsucht nach Verbindung, nach Liebe, nach Erfüllung. Und indem ich mich auf den Pfad des Yoga begab, begann ich, diesen Hunger zu stillen. Nicht durch Essen, nicht durch äußere Anerkennung, sondern durch die Verbindung zu meinem inneren Selbst und zum Universum.

Yoga wurde zu meiner Rettungsleine, meinem Anker in stürmischen Zeiten. Es half mir, meine Resilienz zu stärken und mich aus dem Griff des emotionalen Hungers zu befreien. Jede Praxis wurde zu einem Akt der Selbstliebe, der Selbstfürsorge und der Selbstheilung.

Heute bin ich dankbar für die Kraft des Yoga, die mir geholfen hat, durch die dunkelsten Stunden meines Lebens zu gehen und wieder ins Licht zu treten. Ich weiß, dass der Weg der Heilung und des Wachstums nie endet, aber ich fühle mich gestärkt und ermutigt, denn ich weiß, dass ich die Werkzeuge habe, um jeden Sturm zu überstehen, der auf meinem Weg auftaucht. Und dafür bin ich zutiefst dankbar.

DIE YOGAMATTE ALS SPIEGEL FÜR UNSER (ESS-)VERHALTEN

„The pose begins when you want to leave it." – *B. K. S Iyengar*

→ **Die Yogamatte als Ort der direkten Reflexion des Essverhaltens:** So wie du dich auf der Yogamatte verhältst, so stehst du dem Leben gegenüber. Wie trittst du verschiedenen Körperhaltungen gegenüber, die deine „Schwachstellen" fokussieren? Welche Gedanken kommen dir in unangenehmen Momenten? (Vermeidung von Asanas; Gedanken an Essen; Beenden der Praxis; Betrachten bestimmter Körperteile etc.)

→ **Impulskontrolle:** Seine wahren Bedürfnisse zu stillen, kann manchmal unangenehm sein, da wir uns oft erst einmal von alten Glaubenssätzen und Ängsten befreien müssen. Yoga-Asanas stellen ebenfalls häufig unangenehme Körperstellungen dar, die es auszuhalten gilt. Durch die gezielte Atmung können wir aversive Zustände jedoch „durchatmen" und lernen, Impulse zu kontrollieren.

→ **Frustrationstoleranz:** Yoga zu üben, bedeutet nicht ausschließlich positive Erfahrungen auf der Matte zu machen. Tatsächlich ist oftmals eher das Gegenteil der Fall. Intensive physische Praktiken, aber auch lange Phasen der Stille können Frustration zur Folge haben, die uns aber stets Chancen bietet, unsere Toleranz zu trainieren.

→ **Akzeptanz & Vertrauen:** Nur wenige Dinge im Leben sind wirklich abschätzbar oder vorhersehbar. Das Leben entfaltet sich vielmehr durch das Vertrauen in die eigenen Fähigkeiten und in den eigenen Körper, anstatt durch akribische Kontrolle vermeintliche Sicherheit zu erzeugen. Die eigene Yogapraxis zeigt ihr volles Potenzial, wenn wir lernen, bestimmte Erwartungen aufzugeben und anfangen zu akzeptieren, dass wir genau dort sind, wo wir sein sollen. Neue Asanas eröffnen sich im Zustand des inneren Vertrauens.

→ **Meditativer Aspekt der Praxis:** Wahres Glück entsteht durch die permanente Bemühung, in der Gegenwart zu leben. Yoga ist kein Endziel, sondern ein Weg; eine lebenslange Praxis, die nie aufhört und uns stets im Moment verankert. So wie wir uns als Mensch ein Leben lang verändern, so verändert sich auch die Praxis unaufhörlich.

→ **Praxisort der Selbstliebe:** An wohl kaum einem Ort kann man seine eigene innere Haltung so gut wahrnehmen wie auf der Matte. Wie gehst du mit dir selbst um? Wie sehen deine inneren Dialoge aus, und wie behandelst du deinen Körper?

WAS SIND **EMOTIONEN?**

Emotionen sind das Ergebnis komplexer Prozesse, die im Körper ablaufen. Sie werden durch die bewusste oder unbewusste Wahrnehmung einer Person, eines Gegenstandes oder einer Situation ausgelöst. Bestandteile einer emotionalen Reaktion beinhalten körperliche Veränderungen (z. B. veränderte Herzfrequenz und Atmung, Veränderung des Appetits sowie der Körperhaltung) und eine Veränderung der Handlungsbereitschaft. Ein Gefühl wird allgemein als eine Gemütsbewegung beschrieben.

→ Emotionen steuern unser Verhalten, vor allem zukünftiges Handeln

→ Unser Verhalten ist darauf ausgerichtet, angenehme Emotionen häufiger und unangenehme Emotionen seltener zu erleben

→ Emotionen geben Kraft zum Handeln und Motivation, unangenehme Situationen zu verändern (darum wirkt sich emotionales Essen so negativ auf alle Lebensbereiche aus)

→ Emotionen und entsprechende Verhaltensweisen sind in allen Kulturen ähnlich, der Umgang mit Emotionen wird jedoch durch verschiedene Lernprozesse stark beeinflusst

→ Durch emotionales Essverhalten wird das gesamte Gefühlsspektrum verfälscht bzw. betäubt

Daher ist es sinnvoll, das eigene Gefühlsspektrum kennenzulernen und zu lernen, wie man mit seinen Gefühlen und Emotionen gut umgehen kann. Der Einfachheit halber verwende ich den Begriff Emotionen und Gefühl in diesem Kapitel synonym.

DAS EIGENE **GEFÜHLSSPEKTRUM KENNENLERNEN**

Hier siehst du eine Abbildung mit allen Gefühlen und Emotionen, dargestellt in einer Blume. Stell dir vor, wir würden die Blume in der Mitte durchschneiden. Glaubst du, sie wäre dann noch genauso schön?

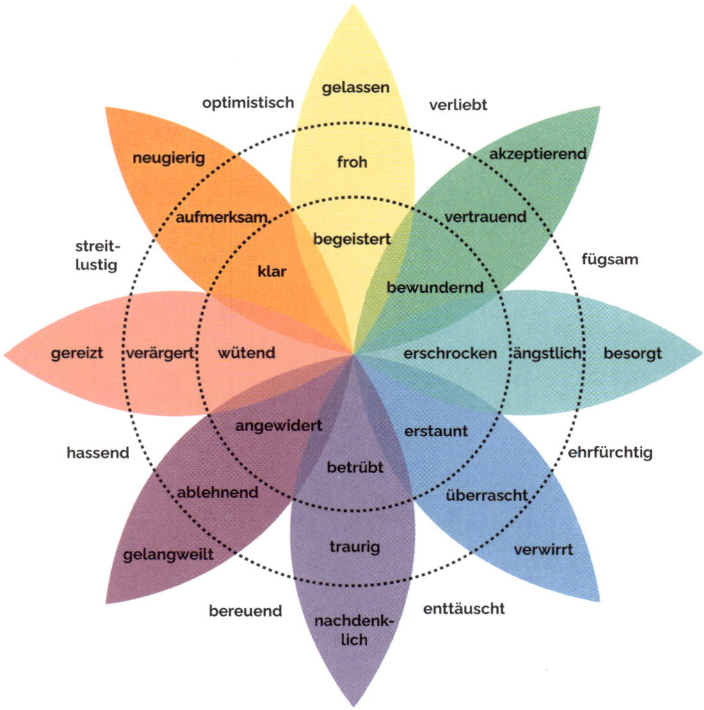

„Rad der Emotionen" Nach Robert Plutschik

Anstatt gegen meine Gefühle anzukämpfen oder sie zu verdrängen, lernte ich, sie willkommen zu heißen und ihnen Raum zu geben. Dazu möchte ich dich auch mit der nächsten Übung einladen.

ÜBUNG ZUM UMGANG MIT DEINEN GEFÜHLEN UND ZUR RESILIENZSTÄRKUNG

Finde am Abend einen ruhigen Ort, sei es dein Bett, ein gemütliches Kissen oder deine Yogamatte, falls du eine besitzt. Nimm dir bewusst zehn

Minuten Zeit, um tief durchzuatmen und dich mit deinen Gefühlen zu verbinden. Lass dich vollständig auf den Moment ein und erlaube dir, einfach nur zu sein.

Beginne damit, deine Aufmerksamkeit auf deinen Atem zu lenken. Spüre, wie sich dein Atem in deinem Körper bewegt, wie er sanft einströmt und wieder ausströmt. Erlaube deinem Atem, dich zu beruhigen und zu zentrieren.

Dann nimm dir einen Moment, um dich zu fragen: Welche Gefühle durchströmen mich gerade? Erlaube diesen Gefühlen, ohne Urteil oder Bewertung, einfach da zu sein. Vielleicht spürst du Freude, Traurigkeit, Angst oder vielleicht auch eine Mischung verschiedener Emotionen. Erlaube jedem Gefühl, seinen Platz einzunehmen, und beobachte sie wie Wolken am Himmel, die kommen und gehen.

Frage dich:

- ? Welche Gefühle fühle ich aktuell?
- ? Wie geht es mir wirklich?

Während du dich deinen Gefühlen öffnest, frage dich auch: Wie geht es mir in meinem tiefsten Inneren? Nimm dir Zeit, um ehrlich zu reflektieren und zu erkennen, was unter der Oberfläche verborgen liegt. Vielleicht entdeckst du Bedürfnisse, die bisher unbeachtet geblieben sind oder Erkenntnisse über deine aktuelle Situation.

Egal, was du erkennst, sei geduldig und mitfühlend mit dir selbst. Diese Übung dient dazu, deine Fähigkeit zur Emotionsregulation zu stärken und deine Resilienz gegenüber den Herausforderungen des Lebens zu verbessern. Indem du dir erlaubst, deine Gefühle zu erkennen und anzunehmen, stehst du gestärkt und widerstandsfähiger da, um mit den Höhen und Tiefen des Lebens umzugehen.

In diesem Buch hast du bereits Atemtechniken und Yoga für deine innere Arbeit kennengelernt. Aber das ist erst der Anfang. Im letzten Kapitel dieses Buches stelle ich dir weitere Tools, Mindset-Shifts und Werkzeuge vor, die dir helfen können, deine Resilienz zu stärken und dich von emotionalem Hunger zu befreien. Schau gerne im Mitgliederbereich vorbei, um dir eine Meditation anzuhören oder Atemtechniken auszuprobieren.

Der Weg der Selbstheilung und des persönlichen Wachstums ist ein kontinuierlicher Prozess. Er erfordert Geduld, Ausdauer und vor allem Selbstliebe. Aber mit den richtigen Werkzeugen und der Bereitschaft, dich auf den Weg zu machen, kannst du eine tiefgreifende Transformation erleben und ein Leben voller Frieden, Freude und Erfüllung führen.

Also nimm dir Zeit, um dich mit deinen Gefühlen zu verbinden, um sie anzunehmen und zu akzeptieren. Lerne, dich selbst zu lieben, mit all deinen Ecken und Kanten. Und sei bereit, weiterzuwachsen und zu lernen, denn der Weg zu einem erfüllten Leben ist eine Reise, die niemals endet.

ÜBUNG: SELBSTANNAHME UND GEFÜHLS-AKZEPTANZ

Vorbereitung: Suche einen ruhigen und gemütlichen Ort, an dem du ungestört bist. Setze dich bequem hin oder lege dich hin, je nachdem, was sich für dich richtig anfühlt. Schließe sanft deine Augen und nimm ein paar tiefe Atemzüge, um dich zu entspannen. Atme tief durch die Nase ein und aus.

Selbstreflexion: Nimm einen Moment, um über deine Gefühle nachzudenken. Was fühlst du gerade? Ärger, Traurigkeit, Freude, Gelassenheit? Erlaube dir, diese Gefühle ohne Urteil zu beobachten. Verurteile dich nicht dafür, wie du dich fühlst, sondern erlaube dir einfach, es zu fühlen.

Visualisierung der Blume: Stelle dir eine wunderschöne Blume vor, die vor dir schwebt. Diese Blume symbolisiert deine innere Weisheit und Akzeptanz. Sie kann alle deine Emotionen umarmen, ohne zu urteilen.

Selbstannahme: Richte deine Aufmerksamkeit auf die Blume und erkenne an, dass du genauso wertvoll bist, so wie du bist. Erlaube dir, dich selbst anzunehmen, mit all deinen Stärken und Schwächen, mit all deinem Licht und Schatten.

Gefühlsakzeptanz: Während du weiterhin auf die Blume schaust, erlaube dir, deine Gefühle vollständig zu akzeptieren. Sag dir selbst: „Es ist okay, so zu fühlen, wie ich fühle. Ich bin Liebe. Ich akzeptiere mich."

Atem und Integration: Atme tief ein und aus, während du all deine Gefühle akzeptierst. Atme tief durch die Nase ein und kraftvoll durch den Mund aus. Erlaube deinem Körper und deinem Geist, sich zu entspannen, während du dich selbst umarmst und deine Gefühle annimmst.

Dankbarkeit: Beende die Übung, indem du dir selbst dankst, dass du den Mut hattest, dich deinen Gefühlen zu stellen und dich selbst anzunehmen. Öffne langsam deine Augen und nimm dir einen Moment, um zu spüren, wie du dich fühlst.

DIE REGULATION VON EMOTIONEN UND **DIE BEDEUTUNG DER GEDANKEN**

„You need to learn how to select your thoughts, just the same way you select your clothes every day." – Elizabeth Gilbert

Emotionen und Denken beeinflussen sich gegenseitig. Häufig bestimmen Emotionen den Fokus unserer Gedanken. Umgekehrt können unsere Gedanken und insbesondere Bewertungsprozesse die Emotionen stark beeinflussen. Lass uns über die drei Hauptursachen für negative Emotionen sprechen.

DREI HAUPTURSACHEN FÜR NEGATIVE EMOTIONEN

1. Irrationale Vorstellungen und negative Grundüberzeugungen (festgefahrene Glaubenssätze)

2. Die 100%ige Überzeugung von der Wahrhaftigkeit der eigenen Gedankenwelt (Subjektivität statt Objektivität): Wir nehmen unser Denken und unsere Glaubenssätze zu ernst, und so bereiten sie uns Leid. Ein Perspektivwechsel ist dringend notwendig!

3. Zu stark konsumorientiertes Denken (materialistische Denkweise)

Reflektiere, ob du schon mal eine Ursache selbst erlebt hast. Um dir die Reflexion leichter zu machen, kommen hier drei Beispiele zu den Hauptursachen für negative Emotionen und Leid. So können sie im täglichen Leben auftreten und sich auf unser Wohlbefinden auswirken.

Irrationale Vorstellungen und negative Grundüberzeugungen (festgefahrene Glaubenssätze) – Beispiel: Anna glaubt fest daran, dass sie niemals erfolgreich sein wird, weil sie in ihrer Kindheit oft gesagt bekam, dass sie nicht gut genug sei. Diese negative Grundüberzeugung führt dazu, dass sie sich selbst sabotiert und sich in Situationen hineinmanövriert, die ihre Überzeugung bestätigen.

Überzeugung der Wahrhaftigkeit der eigenen Gedankenwelt (Subjektivität statt Objektivität) – Beispiel: Max ist fest davon überzeugt, dass sein Kollege ihn absichtlich sabotiert, obwohl es dafür keine klaren Beweise gibt. Seine subjektive Sichtweise führt zu Misstrauen und Konflikten am Arbeitsplatz, da er sich nicht die Mühe macht, die Situation aus einer objektiveren Perspektive zu betrachten.

Konsumorientiertes Denken oder Streben nach Luxusgütern – Beispiel: Tom fühlt sich unglücklich, wenn er nicht die neuesten Gadgets, teuersten Kleidungsstücke und schicksten Autos besitzt. Er gibt sein ganzes Geld für Luxusgüter aus, um sich selbst und anderen zu beweisen, dass er erfolgreich ist. Doch trotz des äußeren Glanzes fühlt er sich innerlich leer und unerfüllt.

LÖSUNG

Nun möchte ich dir eine Lösung anbieten, und zwar einen gesunden Umgang mit deinen Emotionen und Gefühlen. Die Lösung scheint nahezuliegen: Die Gedanken ändern, um Frieden mit den eigenen Gefühlen zu schließen. Doch: Je intensiver eine Emotion, desto schwieriger ist der reine Zugang über die Gedanken. Daher ist eine Lösung, die ich dir vorstellen möchte: intelligente Emotionsregulation. Intelligente Emotionsregulation ist die Fähigkeit, aus einem Repertoire an Regulationsstrategien auszuwählen.

EMOTIONSREGULATIONS**STRATEGIEN**

Ein Sprichwort im Yoga von Sadhguru sagt:

„Whatever happens to you, you can either see it as a curse and suffer it, or you can see it as a blessing and make use of it."

- Sadhguru Jaggi Vasude

Es gibt verschiedene Arten von Emotionsregulationsstrategien:

Zum einen wenig funktionale Emotionsregulationsstrategien:

Grübeln, Unterdrückung des Emotionsausdrucks, Missbrauch von Suchtmitteln (Alkohol, Essen, Drogen etc.)

Zum anderen funktionale Emotionsregulationsstrategien wie:

→ Akzeptanz, Neubewertung, entgegengesetztes Handeln, angemessener Emotionsausdruck, körperbezogene Strategien (Bewegung und Atemübungen), Asanas (z. B. Yin Yoga)

→ Auch deine Atmung kannst du als Emotionsregulationsstrategie nutzen. Gerade die Tiefenatmung ist eine tolle Möglichkeit, um den Zellen mehr Sauerstoff zuzuführen, die Muskeln zu entspannen und den Cortisolspiegel (Stresshormon) im Körper zu senken. Durch Tiefenatmung erzeugst du mehr emotionales Gleichgewicht und mehr Wohlgefühl.

„Nicht ausgedrückte Gefühle sterben nicht, sie werden lebendig begraben und kommen irgendwann auf unschöne Weise wieder hervor." – Sigmund Freud

Emotionen sind Energiewellen, die den Körper durchströmen (energy in motion = Emotion). Diese Energien kommen und gehen, sofern sie ihrer Natur entsprechend ausgelebt werden. Ein Unterdrücken oder Verdrängen von Emotionen verursacht jedoch Blockaden im Körper. Die Energie wird eingeschlossen und vom Körper festgehalten, in einer Art emotionalem Gedächtnis des Körpers.

EMOTIONSREGULATION DURCH YIN YOGA

Bestimmte Emotionen verändern automatisch die Körperhaltung und tragen somit zu einer emotionalen Abwärtsspirale bei. Bestimmte Asanas können als gewollte „Counterposes", ausgleichende Haltungen, gesehen werden, um die negative Dynamik zu unterbrechen. Wenn du dich zum Beispiel in einer tiefen Vorbeuge befindest, sehnt sich der Körper nach einer Rückbeuge.

Wenn ich hier von Yoga spreche, meine ich nicht die Vorführungen, die du auf Social Media bestaunen kannst. Ich spreche eher von einer meditativen Form des Yoga wie beim Yin oder Hatha Yoga. Diese Form des Yoga ermöglicht einen sicheren Rahmen, in dem die Gefühle in ihrer Gesamtheit beobachtet und vor allem auf physischer Ebene erspürt werden können.

ÜBUNG: FUNKTIONALE EMOTIONSREGULATIONSSTRATEGIEN IN DEINEM ALLTAG ETABLIEREN

Nimm dir in den nächsten Wochen bewusst Zeit, um deine Emotionen zu regulieren und eine intelligente Emotionsregulation bei dir zu etablieren. Eine intelligente Emotionsregulation ist die Fähigkeit, aus einem Repertoire an Regulationsstrategien auszuwählen. Du kannst dich auch mit einem Freund oder einer Freundin zusammentun, um gemeinsam an diesem Achtsamkeitsprojekt zu arbeiten und euch auszutauschen.

INTUITIVES ESSEN

Intuitives Essen ist die natürlichste Form der Ernährung. Doch ein Großteil der Menschen hat durch jahrelanges Diäthalten vergessen, was es heißt, nach den Signalen des eigenen Körpers zu essen. Aus diesem Grund gibt es eine Reihe an Empfehlungen, die dabei helfen, das intuitive Essen wieder zu erlernen. Viele Menschen fragen sich, was unsere Intuition genau ist. Du kennst den Begriff der Intuition vielleicht auch als Instinkt, Bauchgefühl, Ahnung, einen Riecher haben, Eingebung oder sechsten Sinn. Sie alle meinen das Gleiche oder wie Rumi es sagt: „The quieter you become, the more you are able to hear."

→ Intuition ist ein kreativer Prozess, der vor allem dann auftritt, wenn Körper und Geist im Einklang sind; ein Zustand der inneren Balance

→ Fähigkeit, durch Passivität den Moment zu erfassen, ohne dabei den Verstand bewusst einzusetzen

→ Intuition bedeutet nicht, die Dinge schönzureden oder erwünschte Ergebnisse zu erzwingen

→ Intuition entspricht häufig einer Eingebung, einer Lösung oder einer neuen Idee

→ Intuitive Gedanken stehen immer in Verbindung zur eigenen Person und fördern das Vorankommen bzw. die Persönlichkeitsentwicklung

Die meisten Menschen treffen verstandesbasierte Entscheidungen, wohingegen intuitive Entscheidungen oft befriedigender sind.

ÜBUNG: SPRICH MIT DEINER INNEREN STIMME

Einige von euch werden jetzt denken, ich sei verrückt, doch ich muss euch von einer Übung berichten, die mir einer meiner Lehrer bei meiner Trainerausbildung beigebracht hat:

Du ziehst dir Kopfhörer an, nimmst dein Handy in die Hand und sprichst mit deiner inneren Stimme im Dialog. Für Außenstehende sieht es so aus, als ob du telefonieren würdest, doch für dich ist es ein innerer Austausch mit dir selbst. Beim ersten Mal wird es sich komisch anfühlen, doch du wirst überrascht sein, welche interessanten Gespräche sich mit deiner inneren Stimme ergeben.

Die Prinzipien des intuitiven Essens dienen nicht nur als Leitfaden für eine harmonische und achtsame Beziehung zum Essen, sondern sie sind auch sehr unterstützend für die Stärkung unserer Resilienz. Indem wir lernen, auf die Signale unseres Körpers zu hören und ihm mit Mitgefühl und Verständnis zu begegnen, stärken wir nicht nur unsere Essgewohnheiten, sondern auch unsere Fähigkeit, mit den Herausforderungen des Lebens umzugehen.

ZEHN PRINZIPIEN DES **INTUITIVEN ESSENS**

1. **Diät-Mentalität ablegen**
2. **Den eigenen Hunger honorieren**
3. **Mit dem Essen Frieden schließen**
4. **Den Glaubenssätzen den Kampf ansagen**
5. **Die eigene Sättigung wahrnehmen**
6. **Den wahren „Genuss“ entdecken**
7. **Gefühle wahrnehmen, ohne zu essen**
8. **Den eigenen Körper respektieren**
9. **Intuitive Bewegung**
10. **Sanfte Ernährung, die den Körper unterstützt**

Nimm dir einen Moment Zeit, zu reflektieren, wie du diese 10 Prinzipien des intuitiven Essens in deinem Alltag anwenden kannst. Zur Unterstützung, damit du in die Umsetzung kommst, habe ich hier noch eine paar Punkte für dich, die bei der Anwendung des intuitiven Essens sehr hilfreich sind.

ANWENDUNG DES **INTUITIVEN ESSENS**

→ Iss, wenn du physisch hungrig bist.

→ Iss im Sitzen und in einer ruhigen Umgebung.

→ Stelle beide Füße auf den Boden und halte dich aufrecht. (Emotionales Essen passiert meistens in einer anderen Haltung, z. B. im Auto, heimlich in der Essenskammer oder halb liegend auf dem Sofa, selten aufrecht mit beiden Beinen auf dem Boden.)

→ Iss ohne Ablenkung (kein TV, Handy etc.).

→ Iss, was dein Körper möchte. (Frag dich vor dem Essen: Was braucht mein Körper jetzt? Was würde mir jetzt guttun? Auf welche Konsistenz habe ich Lust (sämige Suppe, frischer knackiger Salat)? Auf welchen Geschmack? Auf warmes oder kaltes Essen?)

→ Iss mit der Absicht, von anderen gesehen zu werden. (Emotionales Essen passiert meistens, wenn uns keiner sieht – wir essen heimlich.)

→ Iss mit Genuss und Freude.

Zum Schluss noch ein wichtiger Punkt: Hör auf zu essen, sobald du satt bist.

Viele Klient*innen berichten mir, dass sie Schwierigkeiten haben, wahrzunehmen, wann sie satt sind. Vielen fällt es schwer, mit dem Essen aufzuhören und ihr Sättigungsgefühl wahrzunehmen.

Um das Bewusstsein für das Sättigungsgefühl zu stärken und eine bessere Verbindung zum Körper herzustellen, kannst du die folgende Übung durchführen:

ÜBUNG: WOHLFÜHLPUNKT

Achtsames Essen: Setze dich während einer Mahlzeit an einen ruhigen Ort, an dem du ungestört bist. Bevor du mit dem Essen beginnst, nimm dir einen Moment, um bewusst zu atmen und zur Ruhe zu kommen. Achte darauf, wie du dich fühlst und welche Gedanken durch deinen Geist ziehen.

Die Bauchnabelübung: Beginne damit, deine Aufmerksamkeit auf deinen Bauchnabel zu lenken. Schließe sanft deine Augen und nimm ein paar tiefe Atemzüge, um dich zu zentrieren. Spüre dann in deinen Bauch hinein und bemerke, wie er sich anfühlt. Achte darauf, ob er leer oder bereits leicht gefüllt ist.

Der Wohlfühlpunkt: Nachdem du dich mit deinem Bauchnabel verbunden hast, verschiebe deine Aufmerksamkeit sanft zu einem Punkt etwas oberhalb des Bauchnabels, in der Mitte zwischen Bauchnabel und Brustkorb. Stelle dir vor, wie sich an diesem Punkt ein warmes, angenehmes Gefühl ausbreitet. Dieser Bereich wird oft als „Wohlfühlpunkt" bezeichnet und kann ein Hinweis darauf sein, wenn sich dein Körper zufrieden und gesättigt fühlt.

Bewusstes Essen: Während du weiter isst, halte deine Aufmerksamkeit auf deinen Bauchnabel und deinen Wohlfühlpunkt gerichtet. Achte darauf, wie sich diese Bereiche anfühlen, wenn du langsam und bewusst isst. Spüre in dich hinein und bemerke, ob sich dein Bauch langsam füllt und ob sich das warme, angenehme Gefühl in deinem Wohlfühlpunkt verstärkt.

Reflexion: Nimm dir nach dem Essen einen Moment Zeit, um zu reflektieren, wie sich dein Körper anfühlt. Bemerke, ob du dich zufrieden und gesättigt fühlst oder ob du möglicherweise noch mehr essen möchtest. Achte darauf, ob sich das warme, angenehme Gefühl in deinem Wohlfühlpunkt weiterhin verstärkt oder ob es nachlässt.

Indem du diese Übung regelmäßig praktizierst, kannst du lernen, auf die natürlichen Signale deines Körpers zu achten und ein gesundes, intuitives Essverhalten zu entwickeln.

BALANCE – LEBEN IM EINKLANG MIT SICH SELBST

Yoga, Meditation und bewusste tiefe Atmung bringen dich wieder zurück ins Gleichgewicht.

Stress wird als ein Zustand beschrieben, der entsteht, wenn die Anforderungen des Alltags die eigenen Ressourcen übersteigen. Es kommt zu einem Ungleichgewicht zwischen externen Anforderungen und internen Fähigkeiten. Um Stress zu vermeiden, kann es hilfreich sein, einen Blick auf den Energiehaushalt des eigenen Körpers zu werfen. Unser Körper funktioniert wie eine Batterie, die sich im Laufe des Tages leert und durch bewusste Pausen oder Entspannungstechniken wieder füllt.

ÜBUNG: WIE VOLL IST DEINE BATTERIE?

Nimm dir einen Moment Zeit und geh in dich. Spüre in deinen Körper hinein und überlege, wo du dich energietechnisch gerade befindest. Fühlst du dich energiegeladen, neutral oder eher müde und schlapp? Male den Menschen aus, deinem momentanen Energielevel entsprechend (voll, halb voll, fast leer ...)

AUFGABE: ENERGIEGEHALT VERSCHIEDENER TÄTIGKEITEN

Häufig bekomme ich die Frage gestellt, warum Essanfälle meist nach der Arbeit/Uni/Schule stattfinden. Nämlich genau dann, wenn man eigentlich Zeit hätte, zu entspannen. Um diese Frage zu beantworten, ist es notwendig, auf den Energiegehalt verschiedener Tätigkeiten zu achten. Genauer gesagt darauf, wie viel Energie du aufwenden musst, um diesen Tätigkeiten nachzukommen. Nimm dir einen Moment Zeit und überlege: Welche Tätigkeiten fallen dir schwer und kosten dich viel Energie? Welche benötigen weniger und gehen dir leicht von der Hand? Welche Tätigkeiten geben dir Energie?

? „Kannst du dir erlauben, nichts zu tun?" – Eine sehr wichtige Frage, die du nun ehrlich beantworten kannst.

? Was könntest du umsetzen und verändern, um mehr „Tätigkeiten" in dein Leben zu integrieren, die dir Energie schenken?

? Was könntest du umsetzen und verändern, um Tätigkeiten, die dich viel Energie kosten, zu minimieren, zu delegieren oder langfristig zu reduzieren?

Es gehört zum Leben dazu, vom Weg abzukommen. Doch es liegt oft in unseren eigenen Händen, wie lang wir am Wegesrand stehen bleiben oder Irrwege laufen. Wenn es dir wieder passiert und du einen Essanfall hattest, dann kommen hier ein paar Möglichkeiten, deinen Weg zurück ins Gleichgewicht positiv zu beeinflussen:

→ Nimm ein Bad oder gehe duschen, stell dir vor, dass du alles Negative von dir abwäschst. Wasser hat eine sehr reinigende, ausgleichende, neutralisierende Wirkung.

→ Zieh dir danach frische Kleidung an, zieh nicht die gleiche Kleidung noch mal an, die du während des Essanfalls anhattest.

→ Eine Klientin hat mir mal ihr Safety-Kit gezeigt, das ihr als Anker dient: ein kleines Kästchen oder Beutelchen, in dem du Dinge aufbewahrst, die dich glücklich machen/erden – ein ätherisches Öl, ein liebes Feedback von einer netten Person, Lippenpflegeöl, einen Stein (z. B. Rosenquarz).

→ Außerdem hilft es auch, eine Pause zu machen und gut nach dir zu schauen, um die Situation „ins rechte Licht zu rücken".

ACHTSAMKEITSÜBUNG BEI EMOTIONALEN ESSANFÄLLEN

„Man kann einen Menschen nichts lehren, man kann ihm nur dabei helfen, es in sich selbst zu entdecken." – *Galileo Galilei*

→ Das nächste Mal, wenn du einen plötzlichen Essdrang verspürst, nimm einen tiefen Atemzug, bevor du direkt zum Essen greifst.

→ Du wirst merken, dass der starke Druck ein klein wenig nachlässt und du nun einen Moment Zeit hast, dir folgende Frage zu stellen: „Ist es mein Körper, der nach Nahrung verlangt?"

→ Ist deine Antwort ein klares und deutliches Ja, dann atme nochmals tief durch und genieß in Ruhe eine Mahlzeit oder einen Snack.

→ Ist deine Antwort Nein, leg deine rechte Hand sanft über dem Herzen auf und platziere deine linke Hand auf deinem Bauch.

→ Schließe deine Augen und gehe nochmals in dich: „Was ist es, was ich gerade wirklich möchte?" – Versuche nun, deinem wahren Bedürfnis nachzukommen.

ACHTSAMKEITSÜBUNG BEI EMOTIONAL UNTERDRÜCKTEM HUNGERGEFÜHL

Sobald du wahrnimmst, dass dein gegenwärtiger emotionaler Zustand dazu führt, dass jegliche Hungergefühle unterdrückt werden, leg beide Hände über deinem Herzen auf und schließe deine Augen. Verbinde dich mit deiner inneren Stimme und versuche herauszufinden, was dein Körper auf rein physischer Ebene wirklich braucht. Solltest du im offenen und ehrlichen Gespräch mit dir selbst zu dem Schluss kommen, dass dein Körper Nahrung benötigt, dann versuch dich liebevoll an die nächste Mahlzeit heranzutasten. Du könntest hierbei eine Speise wählen, die dir vertraut ist und dir somit verhältnismäßig leicht fällt, bevor du dich an eher schwierige Lebensmittel heranwagst.

Sei gut zu dir selbst und verzweifle nicht, wenn dir die Übung(en) zunächst schwerfallen. Es ist okay, nach wie vor hin und wieder aus emotionalen Gründen zu essen bzw. nicht zu essen, während du neue Alternativen erlernst. Pass auf, dass du dir das emotionale Essen nicht von heute auf morgen komplett verbietest, denn das geht meist nach hinten los. Eine positive, liebevolle Haltung gegenüber deinem eigenen emotionalen Hunger wird dir dabei helfen, die einzelnen Schritte nach und nach in dein altes Essverhalten zu etablieren.

„Lerne dir zu vergeben, 7 Mal, 77 Mal, 777 Mal, bis du dir 77.777 Mal vergeben hast – erst dann wirst du aufblühen." – OSHO

Der wichtigste Teil in diesem Kapitel ist die eigenständige Nachbereitung beziehungsweise Anwendung der Übungen, die dein Leben gerade benötigt. Es kann gut sein, dass ein Teil der Inhalte erst viel später in deinem Leben „Sinn" ergibt. Andere Bereiche wiederum sagen dir dafür im Moment vielleicht eher zu.

Wahrnehmung der eigenen wahren Bedürfnisse: Verbinde dich mit deiner inneren Stimme (Stichwort: Intuition). Frag nach deinen Bedürfnissen auf körperlicher, geistiger sowie spiritueller Ebene.

Akzeptanz des gegenwärtigen Zustandes: Nimm an, was gerade vor sich geht. Nutze deinen Körper als Quelle des Selbstvertrauens und frag dich, wie du deinen Bedürfnissen nachgehen kannst.

Blockaden auflösen: ACTION (Wissen ≠ Erfahrung!!!) Setze deine innere Stimme in Taten um. Löse Blockaden regelmäßig mithilfe von Yoga und Atemübungen.

Diese drei Prinzipien wiederholen: Du bist vom Weg abgekommen? Dann wiederhole diese drei Prinzipien immer und immer und immer wieder.

05

NACHBEREITUNG DIESES KAPITELS

1. Nimm dir einen Moment Zeit und reflektiere nochmals die Inhalte des Kapitels „Intuitives Essen".

2. Wende die Grundlagen bzw. die Prinzipien des intuitiven Essens an. Wenn es dir möglich ist, nimm deine nächsten Mahlzeiten allein und ungestört ein.

3. Beobachte, welcher Teil des intuitiven Essens dir leicht fällt und welcher Bereich dir eventuell Schwierigkeiten bereitet.

4. Bemerkst du vielleicht schon nach kurzer Zeit Veränderungen?

5. Wie fühlt sich diese neue Ernährungsform für dich an?

06

WOMEN CODE

In diesem Kapitel geht es um eins meiner Lieblingsthemen in der Zusammenarbeit mit Frauen. Es geht um die Magie, Kreativität und Transformationskraft, die im weiblichen Zyklus liegt. Ich hoffe, dass du nach dem Lesen und Studieren dieses Kapitels deinen Zyklus und vor allem dich als das Geschenk „Frau“, das du eindeutig bist, mehr liebst als je zuvor!

DER WEIBLICHE ZYKLUS

In diesem Kapitel erfährst du, wie die Zyklusphasen aufeinander aufbauen, was in jeder Phase so machtvoll ist, wie Frauen sich selbst am besten unterstützen können, was sie auf keinen Fall tun sollten und was sie unbedingt für ihre weibliche Superpower tun dürfen.

Der weibliche Zyklus ist ein faszinierender Prozess, der von hormonellen Veränderungen gesteuert wird und maßgeblichen Einfluss auf das Leben, Empfinden und Befinden einer Frau hat. In den verschiedenen Phasen – Menstruation, Follikelphase, Ovulation und Lutealphase – erleben Frauen eine Bandbreite an Emotionen, Energieleveln und körperlichen Veränderungen, die auch ihre kognitiven und kreativen Fähigkeiten beeinflussen können.

Im Folgenden werde ich die Qualitäten dieser vier Phasen vorstellen und auf verschiedene interessante Aspekte näher eingehen. Ich werde Frauen ein paar Tipps mitgeben, wie sie die Phasen für sich am besten nutzen und mit körperlichen Veränderungen besser umgehen können, um in ihrer vollen Kraft zu sein. Ich gehe darauf ein, welcher Sport in der jeweiligen Phase gut geeignet ist und wo Frauen einen Gang runterschalten dürfen, um ihre Energie mehr auf ihr Inneres zu zentrieren. All das sind Empfehlungen aus meiner Erfahrung in der Zusammenarbeit mit Tausenden Frauen, die jeden Monat diese vier Phasen durchlaufen und durch sie geprägt werden. Viele sind sich ihrer zyklischen Natur nicht bewusst und leiden darunter, verurteilen sich, dass sie manchmal „nicht funktionieren".

In unserer Gesellschaft, die stark von linearem Denken und maskulinen Strukturen geprägt ist, werden die zyklische Natur und die Phasen, die Frauen durchlaufen, oft nicht ausreichend berücksichtigt. An sich ist unsere ganze Gesellschaft linear, wir sollen immer gleich funktionieren, jeden Tag das gleiche Pensum leisten. Doch dies funktioniert für Frauen so nicht, sie leben vielmehr zyklisch, und ihr Energielevel unterliegt hormonellen Schwankungen. Diese können aber richtig genutzt werden und bieten sehr viele Möglichkeiten und Chancen zur Potenzialentfaltung.

Als Psychologin und Expertin auf diesem Gebiet ist es mir wichtig, die Betonung auf die Vielfalt und die zyklische Natur des weiblichen Körpers zu legen.

DIE VIER PHASEN DES **WEIBLICHEN ZYKLUS**

Der weibliche Zyklus, der etwa 21–35 Tage dauert, teilt sich in vier Phasen ein. Klassischerweise gehen wir von 28 Tagen aus. Keine Sorge, wenn der Zyklus länger oder kürzer ist, ist dennoch alles in Ordnung. Ansonsten kannst du darüber auch mit deinem*deiner Frauenarzt*ärztin sprechen.

Die erste Phase ist die Blutungszeit, die Menstruation. Darauf folgen Follikelphase, Ovulation und Lutealphase. Diese vier Phasen sind eine kraftvolle Reise, die Frauen immer wieder aufs Neue durchlaufen. Lass uns der Einfachheit halber von 28 Tagen ausgehen.

Ich sehe die vier Phasen wie die vier Jahreszeiten: Frühling, Sommer, Herbst und Winter:

1. Menstruation: Winter – Selbstanalyse und Kurskorrektur (ca. 3–7 Tage)

2. Follikelphase: Frühling – Kreativität und Neubeginn (ca. 7–10 Tage / beginnt am ersten blutungsfreien Tag)

3. Ovulation/Eisprung: Sommer – Kommunikation, Mütterlichkeit (ca. 3–4 Tage)

4. Lutealphase/Gelbkörperphase: Herbst – Achtsamkeit, Aufmerksamkeit, Behaglichkeit & Magie (ca. 10–14 Tage)

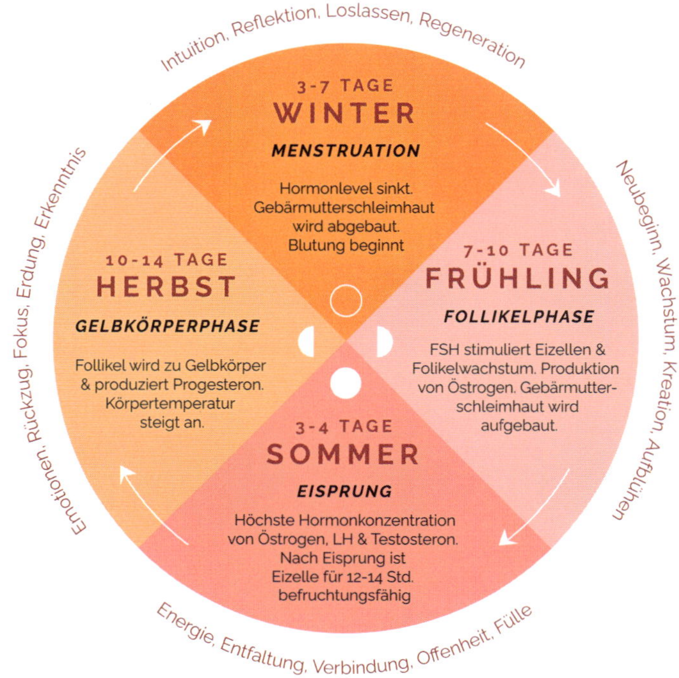

Es ist wertvoll und hilfreich, die verschiedenen Qualitäten jeder Phase zu verstehen, um sich selbst bzw. Frauen besser zu verstehen und körperliche Veränderungen zu akzeptieren. Diese Akzeptanz kann dazu beitragen, dass Frauen sich in ihrer vollen Kraft fühlen, anstatt sich durch den Druck von linearen Erwartungen in der Gesellschaft eingeschränkt zu fühlen.

Die Menstruationsphase wird oft missverstanden oder als Zeit der Einschränkung betrachtet. Jedoch ist sie eine Zeit der Rückkehr zu sich selbst – eine Phase, in der Frauen die Möglichkeit haben, sich zurückzuziehen, Ruhe zu finden und ihre innere Welt zu erkunden. Als Psychologin rate ich dazu, diese Zeit als Chance zu sehen, sich mit Selbstfürsorge zu befassen, mit sich selbst in Kontakt zu treten und die eigenen Bedürfnisse zu erkennen.

Während der Follikelphase steigt die Energie und Kreativität. Hier ist es wichtig, diese Energie für Aktivitäten zu nutzen, die einen inspirieren und die Kreativität fördern. Sportarten, die Bewegung und Kreativität verbinden, könnten in dieser Phase besonders förderlich sein.

Die Ovulationsphase (Eisprung) ist oft mit einem Höhepunkt der Energie verbunden. Frauen könnten in dieser Zeit besonders aktiv und sozial sein, sich gut fühlen und eine hohe Leistungsfähigkeit haben. Sie können diese Phase nutzen, um sich Ziele zu setzen und soziale Kontakte zu pflegen.

Die Lutealphase (Gelbkörperphase) kann von einer gewissen Ausgeglichenheit, anfangs mit noch viel Energie bis hin zu einem Rückgang der Energie reichen. Hier können Frauen lernen, Grenzen zu setzen und sich selbst zu pflegen, anstatt sich durch den Druck der Gesellschaft, immer gleich funktionieren zu müssen, zu überanstrengen.

Diese Empfehlungen basieren auf der Anerkennung, dass Frauen in einem zyklischen Rhythmus leben und dass ihre Energie, ihre Stimmungen und Bedürfnisse sich im Laufe des Menstruationszyklus verändern. Es ist entscheidend, diesen Zyklus als eine Quelle der Stärke und Selbsterkenntnis zu betrachten, anstatt ihn als Hindernis oder Einschränkung anzusehen. Unsere Gesellschaft kann davon profitieren, wenn sie beginnt, diese zyklische Natur zu würdigen und Raum für Vielfalt und Akzeptanz schafft.

Ich möchte alle Frauen dazu einladen, ihren eigenen Zyklus zu beobachten und sich selbst in einem neuen Licht zu sehen. Beobachtet mal, wann ihr euch energiegeladen und strahlend fühlt, gerne nach außen geht und gerne Projekte angeht. Und gleichzeitig: wann ihr euch lieber zu Hause auf dem Sofa einkuscheln möchtet oder am Zweifeln seid, ob eure Entscheidungen/euer Business/euer Körper/eure Gefühle richtig sind, so wie ihr sie lebt und empfindet. Ich wünsche mir von ganzem Herzen, dass euch dieser Women Code die Augen öffnet, dass alles mit euch richtig ist und diese Schwankungen zu eurem „Frausein" dazugehören. Seit 2016 tracke ich mit einer App meinen Zyklus und dokumentiere in meinem Journal mein Befinden. Das hat mir enorm geholfen, mich selbst zu verstehen und resilienter zu werden.

MENSTRUATIONSPHASE – SELBSTANALYSE, RUHE, EINKEHR UND KURSKORREKTUR

Die Menstruationsphase markiert den Beginn des Zyklus. In dieser Phase sind die Hormone auf einem Tiefpunkt, was oft mit einer inneren Ruhe und Introvertiertheit einhergeht. Frauen können in dieser Zeit besonders intuitiv sein, kreative Prozesse fördern und sich auf innere Reflexion und Selbstfürsorge konzentrieren. Obwohl körperliche Symptome auftreten können, bringt diese Phase auch die Chance mit sich, sich selbst zu zentrieren und neue Ideen zu generieren.

KÖRPERBEDÜRFNISSE UND IMPULSE FÜR MEHR SELBSTVERSTÄNDNIS

Die Menstruationsphase ist die Zeit des Rückzugs, der Einkehr und der Ruhe. Es erfordert Mut, in die eigene Dunkelheit einzutauchen, in die Nacht der eigenen Gedanken. In dieser Phase erfolgt die Innenschau, begleitet von stark präsenten kreativen und intuitiven Kräften. Doch gleichzeitig kommen Gefühle der Leere und des Verlustes auf, begleitet von zahlreichen mentalen Prozessen. Das Denken und der Geist werden langsamer.

Es ist entscheidend, dass das Innere in dir arbeiten kann. Die Stille wird zu einem wertvollen Begleiter. Nutze diese Zeit für dich selbst. Beziehe dich auf die Erkenntnis, dass die Vergangenheit vorbei ist, und sei bereit, alles loszulassen, was dir nicht mehr dient. Du darfst es dir erlauben, die Dinge liegen zu lassen. Erlaube dir, dich aus der Schnelligkeit des Alltags zurückzuziehen, denn wenn du so langsam bist, aber von dir unter Druck Schnelligkeit erwartest, dann „knallt es" und nichts funktioniert.

Betrachten wir die Bedürfnisse des Körpers, dann ist hier auf jeden Fall zu betonen, dass dein Ruhe- und Schlafbedürfnis hoch ist. Intensive körperliche Aktivitäten können in dieser Zeit herausfordernd sein. Dein Körper benötigt Zeit für die Blutung, weshalb du besonders auf Selbstfürsorge achten solltest. Gönn dir ein Bad oder eine Massage und nimm dir Verarbeitungszeit. Erlaube dir Ruhe! Man weiß es zwar nicht ganz genau, aber circa 60 % deiner Energie werden jetzt für deine Blutung gebraucht. Klar bist du dann langsamer und erschöpfter. In dieser Zeit können sich auch körperliche Schmerzen zeigen. Was dir da besonders guttut, ist Ruhe und liebevolle Körperpflege wie Baden, Eincremen, eine Massage, Ausschlafen, die Erlaubnis, dir selbst und deinem Körper gegenüber in den Rückzug zu gehen und dir Self-Care-Zeit zu gönnen. Lasse es arbeiten. Verarbeitung und in die Ruhe gehen ist nun wichtig.

Tue dir selbst etwas Gutes und reflektiere

→ Was könnte ich mir jetzt Gutes tun?
→ Wie könntest du das in deinen Alltag gut machbar einbauen?
→ Wo darfst du klarer kommunizieren und Grenzen setzen?
→ Wo darfst du Nein sagen und dich zurückziehen?

In Bezug auf deine Gefühle können Wut, Verwirrung, Vorwürfe und Selbstzweifel auftreten. Es kann wilde, aggressive Gedanken geben – dir selbst oder auch deinem*deiner Partner*in gegenüber.

Manchmal fühlt sich alles sinnlos an. Wie eine Art „verwirrtes Denken". Wir können nicht klar sehen und empfinden nicht so viel Dankbarkeit, wie wir es sonst gewohnt sind. Es kann auch Gefühle geben von „Alles hat keinen Sinn mehr!", Gefühle der Leere und Sinnlosigkeit. Emotional empfindest du vielleicht auch eine Kraftlosigkeit. Diese „verlorenen Gefühle" lösen sich nach einigen Tagen auf – so, als wären sie nie da gewesen. Tauche bewusst in die Langsamkeit ein, nimm deinen Zustand und deine Gefühle an beziehungsweise akzeptiere sie. Gewinne so Abstand zu überwältigenden Emotionen. Natur, Meditation und das Schreiben können unterstützen. Lasse Tagträume zu und verbinde dich mit der Natur.

Weniger Medienkonsum, gezielte Musik, ausreichend Schlaf und bewusster Umgang mit Sexualität sind wichtig. Bei manchen Frauen fließt sexuelle Energie, aber das Verlangen kann variieren. Manche haben in dieser Zeit überhaupt keine Lust, und das ist auch vollkommen in Ordnung. Achte auf deine Intuition. Solltest du Lust haben, dann kann sich deine spirituelle Energie im Liebesspiel zeigen, während du vielleicht das Bedürfnis nach Stille und zarten Berührungen verspürst. Es kann sein, dass du (auch im sexuellen Bereich) nicht so viel reden möchtest – es darf ruhig und langsam sein. Du magst alles lieber sanfter und ruhiger, auch Berührungen. Manche Frauen wollen auch gar nicht berührt werden, was auch vollkommen okay ist. Kommuniziere deine Grenzen und Bedürfnisse.

Feiere die Veränderung in dir, lasse Altes los und akzeptiere, dass Neues Platz in deinem Leben findet. Diese Phase ist eine wertvolle Zeit des Wandels und der Akzeptanz.

Mantra für diese Zeit: Die Vergangenheit ist beendet, und ich lasse die Muster des vergangenen Monats los. Ich bin bereit, das alles loszulassen.

KÖRPERLICHE VERÄNDERUNGEN UND ERNÄHRUNG WÄHREND DER MENSTRUATION

Die Menstruation ist begleitet von einer Abnahme der Hormone. Der Östrogenspiegel kommt zum Höhepunkt und fällt dann ab, was zu Krämpfen, Müdigkeit und Essensgelüsten führen kann. Der Körper benötigt während dieser Zeit verstärkt Nährstoffe wie Eisen und Zink, die helfen, den Mineralhaushalt auszugleichen. Lebensmittel wie Fisch, Meeresfrüchte, wasserreiches Obst und Gemüse mit geringem glykämischen Index helfen, diese Nährstoffe bereitzustellen. Beispiele für Obst und Gemüse mit niedrigem glykämischen Index sind viele nicht stärkehaltige Gemüsesorten, wie grünes Blattgemüse, Brokkoli, Zucchini, einige Beerenfrüchte sowie Äpfel und Birnen.

Der glykämische Index (GI) ist eine Skala, die angibt, wie schnell kohlenhydrathaltige Lebensmittel den Blutzuckerspiegel ansteigen lassen. Lebensmittel mit einem niedrigen GI werden langsamer verdaut und führen zu einem langsameren Anstieg des Blutzuckerspiegels im Vergleich zu Lebensmitteln mit einem hohen GI. Durch den Verzehr von Obst und Gemüse mit einem niedrigen glykämischen Index können Personen möglicherweise stabile Blutzuckerspiegel aufrechterhalten, was verschiedene gesundheitliche Vorteile bietet:

Energie über den Tag verteilt: Nahrungsmittel mit niedrigem GI können dazu beitragen, dass die Energie über einen längeren Zeitraum konstant bleibt, anstatt schnelle Energiespitzen und -abfälle zu verursachen. Das kann dazu beitragen, Ermüdung und Schwankungen des Energielevels zu reduzieren.

Regulierung des Appetits: Lebensmittel mit niedrigem GI können dazu beitragen, den Appetit zu kontrollieren, da sie dazu neigen, ein länger anhaltendes Sättigungsgefühl zu bieten. Das kann möglicherweise dazu beitragen, übermäßiges Essen und Heißhungerattacken zu reduzieren.

Getränke: Rote-Bete-Saft, grüner Tee, entkoffeinierter Kaffee, Brennnesseltee

Gemüse: Rüben, Rote Bete, Klettenwurzel (blutreinigend), Lappentang, Hijiki (Beerentang), Grünkohl, Seetang, Champignons, Süßkartoffel, Kürbis, Karotte. Rote Paprika enthält viel Vitamin C.

Hülsenfrüchte: Linsen, Kichererbsen, Bohnen und Erbsen sind gute pflanzliche Quellen für Eisen und Zink.

Nüsse und Samen: Kürbiskerne, Cashew- und Pinienkerne, Hanf- und Sesamsamen enthalten ebenfalls Eisen und Zink.

Vollkornprodukte: Buchweizen, Naturreis, Haferflocken, Quinoa enthalten Zink, wenn auch in geringeren Mengen.

Meeresfrüchte: Austern sind die bekannteste Zinkquelle, aber auch Krabben, Hummer, Muscheln und andere Fischarten wie Lachs sind gute Eisenquellen.

Obst: Ananas, Mangos, Kiwis, Erdbeeren, Heidelbeeren, Himbeeren, Brombeeren, dunkle Trauben, Cranberrys, Wassermelonen, Guaven, Zitrusfrüchte (Orangen, Zitronen, Limetten, Grapefruits und Mandarinen) sind ausgezeichnete Quellen für Vitamin C.

*Beachte, dass die Aufnahme von Vitamin C die Aufnahme von Eisen aus pflanzlichen Quellen verbessern kann. Es ist auch wichtig zu bedenken, dass individuelle Ernährungsbedürfnisse variieren können und es ratsam sein kann, mit einem*einer Ernährungsberater*in, Ökotropholog*in oder Arzt*Ärztin deines Vertrauens zu sprechen, um sicherzustellen, dass der Bedarf an allen Mineralien gedeckt wird.*

SPORTLICHE AKTIVITÄTEN WÄHREND DER MENSTRUATION – TAKE IT EASY

Leichte körperliche Aktivitäten wie Yoga, Spaziergänge, Dehnübungen und möglicherweise auch Schwimmen können helfen, die Muskeln zu entspannen und den Körper zu unterstützen, ohne ihn übermäßig zu belasten. Während der Menstruation ist es wichtig, auf die Bedürfnisse des Körpers zu hören und körperliche Aktivitäten anzupassen.

SELBSTREFLEXION UND LIFESTYLE WÄHREND DER MENSTRUATION – HÖRE NACH INNEN

Wissenschaftliche Studien zeigen, dass während der Menstruationsphase die Kommunikation zwischen den Gehirnhälften am stärksten ist. Frauen können während dieser Zeit besonders gut in der Lage sein, auf ihr Bauchgefühl zu hören. Da die rechte und linke Gehirnhälfte stark hin- und herfeuern, ist dein Bauchgefühl sehr gut.

Das Tagebuchschreiben oder die Selbstreflexion können helfen, wiederkehrende Gedankenmuster zu erkennen und sich auf eine Kurskorrektur zu konzentrieren. Kommen in dieser Phase immer die gleichen Gedanken, Ängste und Sorgen auf? Die Menstruationsphase ist ein guter Zeitpunkt, um per Tagebuch zu reflektieren.

BEISPIELE FÜR PRAKTISCHE ANWENDUNGEN

Ich lege in diese Zeit weder Fotoshootings noch Live-Workshops oder Videodrehs. Ich fühle mich nicht danach, vor der Kamera zu sein, und sehne mich mehr nach innerer Einkehr und Reflexion. Ich arbeite gerne an Sachen im Hintergrund oder kreativen Aufgaben. Zudem versuche ich, mir so wenig fixe Termine wie möglich in diese Zeit zu legen, um ganz nach Gefühl entscheiden zu können, wonach mir gerade ist. Mir ist bewusst, dass dies ein großer Luxus meiner Selbstständigkeit ist; dies ist mit ein Grund, warum ich Frauen helfe, sich auch mit ihrer Dienstleistung selbstständig zu machen. Mit meinem ErfolgsMagnet-Programm habe ich schon Hunderten Frauen geholfen, mit ihrer Dienstleistung ihr eigenes Business zu starten, und ich bin sehr glücklich zu sehen, wie sie so ihr Leben und Arbeiten selbst gestalten können. Eben zyklisch und nicht linear.

Beispielsweise könnte eine Frau, die bemerkt, dass ihre Energie während der Menstruation niedriger ist, ihre Arbeitslast reduzieren und sich stattdessen auf Aktivitäten konzentrieren, die Selbstfürsorge und kreative Reflexion fördern. Sie könnte auch ihre Ernährung anpassen, indem sie nährstoffreiche Mahlzeiten zubereitet, die den Bedarf ihres Körpers während dieser Phase unterstützen.

Vielleicht denken manche Frauen unter euch jetzt: „Ja klar Julia, in einer perfekten Welt, aber ich habe keine Zeit; Haushalt, Kinder, Arbeit und die anderen nehmen keine Rücksicht auf meine Periode." Ja, bisher war das vielleicht so. Doch ihr könnt eine neue Entscheidung treffen, euch neu ausrichten. Euch selbst mehr achten und wertschätzen. Nur wenn ihr beginnt, eure Bedürfnisse zu erkennen, sie selbst zu achten, eure Wünsche zu kommunizieren und Grenzen zu setzen, nur dann kann sich was ändern.

Die Menstruationsphase bietet Frauen jeden Monat die Gelegenheit, ihren eigenen Körper besser zu verstehen, ihre Bedürfnisse anzuerkennen sowie sich bewusst auf Selbstreflexion und Selbstfürsorge zu konzentrieren. Es geht darum, sich auf die eigenen Bedürfnisse einzustellen und die positiven Aspekte dieser Phase zu nutzen, um das gesellschaftliche Leben freundlicher und menschlicher zu gestalten.

Ein Zyklus von einem Mann umfasst einen Tag. Der Zyklus einer Frau beträgt ca. 25–31 Tage. Frauen können NICHT jeden Tag gleich funktionieren. Sie haben durchschnittlich 450 Perioden in ihrem Leben. Sie bluten also an 2.250 Tagen – was eine Dauer von ca. sechs Jahren ist. Und trotzdem sollen wir so tun, als würde uns Frauen all das nicht beeinflussen.

Daher gilt für Frauen: Nimm dir Zeit für dich selbst – erlaube dir, sanft zu sein. Genieße ruhige Yoga-Übungen, gönn dir langsame, entspannte Spaziergänge und nimm dir Zeit, dich zu dehnen und zu strecken, wie es dein Körper braucht. Denke daran, wie ein Haustier sich morgens langsam streckt und sich reckt – du kannst diese sanfte Art der Entspannung übernehmen. Erlaube dir, einen Gang runterzuschalten, sei nachsichtig mit dir selbst und verlange nicht zu viel auf einmal von dir. Dies ist eine Zeit der Selbstfürsorge, ein sanfter Moment, um dich zu erden und auf dich selbst zu achten.

FOLLIKELPHASE – KREATIVITÄT UND NEUBEGINN

Während der Follikelphase steigt das Östrogen langsam an, was eine Zunahme an Energie und Kreativität mit sich bringt. Frauen fühlen sich häufiger extrovertiert und haben ein gesteigertes Kommunikationsbedürfnis. Diese Phase ist ideal, um Ideen zu teilen, in Teams zu arbeiten und neue Projekte zu starten. Die kognitive Leistungsfähigkeit ist hoch, was sich positiv auf Aufgaben auswirkt, die kreatives Denken und Kommunikation erfordern.

KÖRPERBEDÜRFNISSE UND IMPULSE FÜR MEHR SELBSTVERSTÄNDNIS

In dieser zweiten Zyklus-Phase ist die Kraft der Frauen wieder da. Sie sind wie aufgeladen. Sie finden für Probleme neue Lösungen. Sie lieben es, in Aktion zu sein und die Dinge umzusetzen. Alles, was in der ersten Zyklus-Phase liegen geblieben ist, können sie jetzt angehen und mit Leichtigkeit aufholen – wenn sie sich vorher wirklich ausgeruht und losgelassen haben. Sie verfügen über klares strukturiertes Denken – das, was zuvor gefehlt hat, ist nun wieder abrufbar und geht leichter von der Hand. Alles funktioniert deutlich analytischer und ergebnisorientierter. Gleichzeitig treffen Frauen nun Entscheidungen mit einer großen analytischen Kraft. Neues fällt ihnen jetzt leichter. Auch Dinge, die sie in der Phase vorher vermieden haben und auf die sie keine Lust hatten, können Frauen nun motiviert angehen. Sie haben Lust auf „Experimente".

Was Frauen nun guttut ist, zu 100 % im Hier und Jetzt zu sein. Das gelingt mir am besten immer wieder mit der Entscheidung und inneren Ansage: „Ich bin jetzt hier!" Dann atme ich tief ein und aus und schenke mir selbst ein Lächeln, indem ich einfach die Mundwinkel nach oben ziehe.

Sei ganz im Moment und vertraue deinen intuitiven Impulsen. Genieße diese Leichtigkeit. Frag dich, was dein Körper jetzt braucht. Beobachte, wie du dich lebendiger fühlst und Lust hast auf neue Erfahrungen oder mehr Bewegung. Vielleicht möchtest du mal wieder Fahrrad fahren, dich mit einer Freundin zu einem gemeinsamen Ausflug verabreden oder ihr geht zusammen Tennis spielen. Je nachdem, auf was du Lust hast. Du fühlst dich fitter, geschmeidiger und dehnbarer – daher schnapp dir eine Sportmatte und strecke dich in alle Himmelsrichtungen. Dein Schlafbedürfnis ist niedriger als in der vorherigen Phase. Da in der Gebärmutter Testosteron und Östrogen ansteigen, tut es dir gut, Sport zu machen.

Hinsichtlich ihrer Gefühle fühlen Frauen sich mit der Welt beziehungsweise mit der Natur und anderen Menschen nun besonders verbunden. Sie sind gesellig und möchten Menschen um sich herum haben. Alles ist irgendwie frisch und neu. Sie sind im Vertrauen, haben ein offenes Herz und empfinden mehr Selbstvertrauen in sich. Sie sind enthusiastisch, optimistisch und lebendig. Ein Grundgefühl von „alles ist möglich" stellt sich ein. Frauen tut es gut, diese Energie, die jetzt gerade da ist, in jeglicher Hinsicht zu nutzen, und zwar bezüglich des Körpers, der Gedanken, Projekte, der Handlungen sowie Gefühlen.

Bezüglich ihrer Sexualität sind Frauen in dieser Phase verspielt. Ihre Sinnlichkeit ist sehr hoch, sie fühlen sich frisch, lebendig und lustvoll. Sie haben Lust zu flirten, und es macht ihnen Spaß, in Kontakt zu sein. Was Frauen diesbezüglich guttut, ist mutig zu sein und nichts zurückzuhalten. Sie sollten ihre Energie nutzen, um positive Denk- und Fühlmuster in sich zu etablieren, zum Beispiel über positive bewusste Visualisierungen, ihre Atmung, Yoga oder andere Bewegung, aktives Erleben und bewusstes Fühlen und Genießen.

Ein mögliches Mantra in dieser Phase: Für mich ist in diesem Leben alles möglich!

Merke und beachte bitte:

An die Frauen unter euch: Wenn du dich in der Menstruationsphase davor nicht ausgeruht hast, dann hast du in dieser Phase nicht so viel frische neue Energie und Lust auf Neues. Auch die Einnahme von hormonellen Verhütungsmitteln oder Medikamenten hat Einfluss auf dein Empfinden der verschiedenen Zyklusphasen. Was ich dir damit sagen möchte: Sollte es aus irgendwelchen Gründen sein, dass du nicht so stark „Kreativität, Vitalität und Neubeginn" spürst, reflektiere, wie du dich in Zukunft in der Menstruationsphase mehr und bewusster rausnehmen und ausruhen kannst. Wenn du Mutter bist, bitte andere Menschen um Hilfe, um dir regelmäßig Me-time zu gönnen. Das ist auch wichtig für dein Kind, denn eine glücklichere Mama ist auch gut für dein Kind und ein Vorbild für Selbstfürsorge. Bitte negiere es nicht gleich, sondern erlaube dir, um Hilfe zu fragen – egal in welcher Lebenssituation du gerade bist. Wir alle dürfen uns immer erlauben, um Hilfe zu fragen, Fehler zu machen oder uns schwach zu fühlen.

Frage dich: „Wie ist es möglich, gut für mich da zu sein?"

Statt zu sagen „XY geht nicht", frag dich stattdessen: „Wie ist es für mich möglich?". Damit eröffnest du einen neuen Raum von Offenheit und Möglichkeiten.

KÖRPERLICHE VERÄNDERUNGEN UND ERNÄHRUNG WÄHREND DER FOLLIKELPHASE

In der Follikelphase steigt der Spiegel des follikelstimulierenden Hormons (FSH), um das Wachstum und die Reifung der Eizellen in den Eierstöcken zu fördern. Dies führt zu einem Anstieg des Östrogens, welches dazu dient, die Gebärmutterschleimhaut aufzubauen.

Studien haben gezeigt, dass höhere Östrogenspiegel in dieser Phase mit erhöhter kognitiver Flexibilität und einem Anstieg der Gehirnaktivität verbunden sind. Die neuronalen Verbindungen und neuroplastischen Eigenschaften des Gehirns sind während dieser Zeit besonders aktiv, was die Fähigkeit zur kreativen Problemlösung und zur Umsetzung neuer Ideen unterstützt.

Eine frische und leichte Ernährung kann dabei helfen, sich energiegeladen zu fühlen. Sanfte Kochmethoden wie Dampfgaren und Anschwitzen erhalten die Nährstoffe in den Lebensmitteln.

Getreide: Gerste, Haferflocken, Roggen, Dinkel; beobachte, wie gut du Gluten verträgst, ich werde davon immer müde und lasse es gerne weg, um mehr Energie zu haben.

Gemüse: Artischocken, Brokkoli, Karotten, Salat, Petersilie, Erbsen, Rhabarber, Brechbohnen, Zucchini, Sauerkraut, Bohnensprossen, Brokkolisprossen

Obst: Avocado, Grapefruit, Zitrone, Limetten, Orange, Pflaumen, Granatapfel, Sauerkirschen, Litschi

Hülsenfrüchte: Augenbohne, Linsen, Limabohne/Mondbohne, Mungobohne, Schälerbse

Fleisch: Bio-Hühnchen (Demeter oder Bioland)

Nüsse: Paranuss, Cashewkerne

Andere: Nussbutter, Mandelmus, Oliven, Essiggurken, Sauerkraut, Essig

Meeresfrüchte: Frischwassermuschel, Krabben, Forelle

AUSWIRKUNGEN AUF DAS BUSINESS UND DEN ALLTAG IN DER FOLLIKELPHASE

In der Follikelphase erleben Frauen oft ein erhöhtes Energielevel und ein Gefühl der Aufgeschlossenheit. Dies kann sich positiv auf das Arbeitsumfeld auswirken, da sie offen für neue Projekte sind, sich für Brainstorming und geistig anspruchsvolle Aufgaben engagieren und ihre kreative Seite voll entfalten können.

Es ist eine Zeit, in der neue Ideen fließen und die Bereitschaft für Veränderungen und Neuanfänge hoch ist. Sowohl im Berufsleben als auch im persönlichen Bereich kann diese Phase genutzt werden, um kreative Ziele zu verfolgen und neue Gewohnheiten zu etablieren.

Ich lege gerne schwierige Aufgaben und auch alles vor der Kamera in diese Phase sowie in die Tage danach. Es ist die Blütephase, und mir geht vieles leichter von der Hand. Ich fühle mich frisch, frei und neu und liebe es, mit Power Projekte anzugehen und umzusetzen.

ERNÄHRUNG UND SPORT IN DER FOLLIKELPHASE

Sportarten wie Joggen, Kickboxen, Kraftsport oder Spinning können in dieser Zeit besonders vorteilhaft sein, da genug Energie für körperliche Herausforderungen vorhanden ist.

Die Follikelphase bietet eine wertvolle Gelegenheit für kreative Entfaltung, geistige Agilität und den Beginn neuer Projekte, sei es im beruflichen Umfeld oder im persönlichen Leben. Es ist eine Phase des Neubeginns, die genutzt werden kann, um sich weiterzuentwickeln und neue Wege einzuschlagen.

Zudem kann die Energie während dieser Phase genutzt werden, um sich auf neue sportliche Herausforderungen einzulassen. Studien legen nahe, dass Cardio-Übungen und Krafttraining während der Follikelphase hilfreich sein können, um den Östrogenspiegel auszugleichen und PMS-Symptome (PMS = Prämenstruelles Syndrom) zu reduzieren.

Das Prämenstruelle Syndrom (PMS) bezieht sich auf eine Reihe von körperlichen und emotionalen Symptomen, die Frauen vor Beginn ihrer Menstruation erfahren. Zu den häufigsten körperlichen Symptomen gehören Schmerzen in Brüsten oder Bauch, Kopfschmerzen, Müdigkeit, Wassereinlagerungen und Verdauungsprobleme. Emotionale Symptome können Stimmungsschwankungen, Reizbarkeit und Angstzustände sein.

OVULATIONSPHASE/EISPRUNG – KOMMUNIKATION

Die Ovulationsphase, der Höhepunkt des Zyklus, wird von einem Anstieg des luteinisierenden Hormons und des Östrogens begleitet. Frauen fühlen sich in dieser Phase oft besonders attraktiv, selbstbewusst und haben eine starke Ausstrahlung. Dies kann die Sichtbarkeit im beruflichen Umfeld fördern, da sie charismatischer und überzeugender wirken. Die kognitive Funktion ist auf einem Höhepunkt, was Entscheidungsfindung und Problemlösung begünstigt.

KÖRPERBEDÜRFNISSE UND IMPULSE FÜR MEHR SELBSTVERSTÄNDNIS

In der dritten Zyklus-Phase, die auch gerne als „Phase der Mutter/der Einladenden/der Bewahrerin" bezeichnet wird, haben Frauen ein Bedürfnis nach Harmonie und Einklang. Das Übernehmen von Verantwortung fällt ihnen nun leicht, auch wenn es ihnen in anderen Momenten oder Phasen gegebenenfalls schwerfällt. Sie möchten neue Projekte unterstützen und fördern, sind auch gerne dazu bereit, die Projekte von anderen zu unterstützen oder anderen Menschen zu helfen. Daher kann es sein, dass ihre eigenen Bedürfnisse in dieser Zeit in den Hintergrund rücken. So wie es bei einer Mutter auch der Fall ist.

Oft besteht ein Wunsch nach Wärme – es wirklich warm zu haben im Körper. Sollte dies der Fall sein, ist darauf zu achten, sich warm anzuziehen, sich mit einer Decke warmzuhalten, sich gegebenenfalls eine Wärmflasche oder einen Besuch in der Therme/Sauna zu gönnen. Die körperlichen und geistigen Impulse sind hellwach, so als hätten Frauen am Körper kleine Antennen. Es besteht eine Balance zwischen ihrem Innen und Außen. Ihr Körper ist sehr wach und aufmerksam und reagiert sofort auf Impulse im Außen. Er sehnt sich nach der Verbindung mit der Natur und mit der Erde. In dieser Phase liebe ich es ganz besonders, barfuß über eine Wiese zu laufen. Im Sommer zum Beispiel mache ich alle meine Coaching-Calls am Telefon und laufe barfuß im Park herum. Ich lade auch meine Kundinnen dazu ein, spazieren zu gehen, durch die regelmäßige Links-Rechts-Bewegung beim Gehen werden die Gehirnhälften stimuliert, und wir bekommen neue Ideen. In Verbindung mit frischer Luft und Natur können wir so völlig neue Perspektiven einnehmen und einen neuen Raum in uns eröffnen.

Was Frauen jetzt besonders guttut, ist Zeit und Verbindung mit der Natur. Dies unterstützt ihre Kreativität und das Empfangen von Impulsen und neuen Lösungen. Macht kreative Dinge mit euren Händen wie Basteln, Zeichnen, handwerkliche Tätigkeiten oder Gartenarbeit. Verabredet euch mit einem*einer Freund*in zum gemeinsamen Handwerk/Malen etc., zu einem Waldspaziergang oder einem Wanderausflug an einem schönen Ort in der Natur.

Nach dem Eisprung steigt in der Gebärmutter das Progesteron an. Dies hat Einfluss auf die Gefühle: Frauen fühlen sich wach und sanft. Sie sind selbstlos und hilfsbereit. Ihr Herz, Körper und Geist sind von Liebe durchflutet. Es kann gut sein, dass Frauen in dieser Phase den Wunsch nach Nähe sowie Verbindung mit weiblichen Vorfahren/Angehörigen haben, wie der Mutter, Schwester, Oma oder auch Freundinnen. Das Urweibliche steht im Vordergrund. Es ist eine empfangende, fließende Energie. Daher genießen Frauen den Kontakt mit anderen Frauen jetzt sehr. Es tut ihnen auch gut, sich mit der weiblichen Kraft in sich zu verbinden, dazu kannst du deine Hände auf deinen Unterbauch legen und tief in den Bauch bis hinunter zu deiner Gebärmutter atmen.

Bezüglich der Sexualität fällt es Frauen in dieser Phase leicht, sich hinzugeben und fallen zu lassen. Es kann auch sein, dass sie den Wunsch haben, oft nackt zu sein und Haut zu fühlen. Mit dem Partner wünschen sie sich Zweisamkeit, möchten eng mit ihm*ihr zusammen sein, seine*ihre Haut und Wärme fühlen. Es ist ein Bedürfnis nach möglichst viel Zeit allein mit dem Partner bzw. der Partnerin.

Für die Frauen unter euch: Du darfst dich in dieser Phase einem Gefühl von „Ich lasse los. Ich lasse mich fallen. Ich empfange. Ich entdecke und stärke meine mütterliche Seite." hingeben. Das tut dir gut, völlig unabhängig davon, ob du wirklich Mama bist oder nicht (oder gar nicht sein möchtest). Alles ist okay, du bist mit dir, deinen Gefühlen und Empfindungen im Reinen.

KÖRPERLICHE VERÄNDERUNGEN WÄHREND DER OVULATIONSPHASE

Essensgelüste und Kopfschmerzen können in dieser Phase auftreten. Zudem kann es Schwankungen geben zwischen Erschöpfung und plötzlichen Energieschüben.

SPORTLICHE AKTIVITÄTEN WÄHREND DER OVULATIONSPHASE – AUSPOWERN UND HIGH-IMPACT-SPORTARTEN

Da das Energieniveau hoch ist, können sportliche Aktivitäten wie Joggen, Kickboxen, Gewichtheben und Spinning von Vorteil sein. Cardio-Übungen am Morgen können den Östrogenspiegel regulieren und helfen, PMS-Symptome zu reduzieren.

BEISPIELE FÜR PRAKTISCHE ANWENDUNGEN UND AUSWIRKUNGEN AUF DAS BUSINESS UND DEN ALLTAG

Nutze die erhöhte Energie und Stimmungsstabilität für geistig anspruchsvolle Aufgaben, wichtige Gespräche und neue soziale Interaktionen.

Die höhere Energie und Offenheit für Kommunikation können beruflich für produktive Gespräche, Brainstorming und positive zwischenmenschliche Interaktionen genutzt werden.

ERNÄHRUNG IN DER OVULATIONSPHASE

Empfohlen werden leichte Kohlenhydrate wie Amaranth, Quinoa und Mais, um die Energie aufrechtzuerhalten. Gemüse wie Spargel, rote Paprika, Mangold, Spinat sowie Obst wie Aprikosen, Melonen, Erdbeeren und Feigen sind gute Optionen.

Getreide: Amaranth, Quinoa, Mais

Gemüse: Spargel, rote Paprika, Rosenkohl, Mangold, Chicorée, Schnittlauch, Löwenzahn, Aubergine, Endivien, Frühlingszwiebeln, Spinat, Tomaten, Pak Choi, Blumenkohl

Obst: Aprikose, Cantaloupe- oder Zuckermelone, Kokosnuss, Feigen, Guave, Himbeere, Erdbeere

Hülsenfrüchte: rote Linsen

Nüsse: Mandeln, Pekannüsse, Pistazien

Meeresfrüchte: Lachs, Garnelen

Andere: Schokolade, Kurkuma, Ingwer, Tee mit Dong Quai (chinesische Engelwurz)

Diese Lebensmittel sind reich an Nährstoffen, Vitaminen und Mineralien, die in der Ovulationsphase unterstützend wirken können. Sie können dazu beitragen, den Energiehaushalt aufrechtzuerhalten und die Hormonbalance während dieser Phase zu unterstützen.

MEIN KURZER ERFAHRUNGSBERICHT ZUR OVULATIONSPHASE

Bei mir persönlich hat sich seit meiner Schwangerschaft ganz viel verändert in dieser Phase. Früher hatte ich einfach eine Menge Energie und war sehr aktiv und kommunikativ. Seit der Schwangerschaft merke ich genau den Tag des Eisprungs, denn ich habe den ganzen Tag über ein Ziehen im Unterleib. Das heißt, dass sich das Empfinden der einzelnen Phasen im Laufe deines Lebens verändern kann.

Im Business nutze ich persönlich diese Ovulationsphasen, um neue Projekte anzustoßen und durchzuziehen. Sehr gerne lege ich in diese Zeit auch Videodrehs oder Fotoshootings.

BUSINESS WÄHREND DER OVULATIONSPHASE

Diese Phase ist optimal für Kommunikation und schwierige Gespräche mit Vorgesetzten, Mitarbeiter*innen, deinem Team oder nahestehenden Personen.

Wissenschaftliche Erkenntnisse zeigen, dass Frauen während der Ovulationsphase oft eine gesteigerte Kreativität, verbale Fähigkeiten und eine erhöhte Neigung zu sozialer Interaktion haben. Diese Faktoren könnten ein echter Booster für deine berufliche Entwicklung sein.

Wenn du eine Frau bist, dann denk mal darüber nach: Du bist in dieser Phase oft besonders einfallsreich und hast großartige Ideen. Warum also nicht diese Kreativität nutzen, um innovative Projekte zu starten oder neue Geschäftsideen zu entwickeln? Es ist die perfekte Zeit, um dein Business oder deine Karriere auf die nächste Stufe zu bringen!

Diese Phase bietet auch eine fantastische Gelegenheit für Networking und Zusammenarbeit. Die gesteigerte Kommunikationsbereitschaft kann Frauen dabei helfen, neue Verbindungen zu knüpfen und bestehende Beziehungen zu stärken.

Außerdem ist die Ovulationsphase ein idealer Zeitpunkt, um wichtige Entscheidungen zu treffen oder langfristige Strategien für ein Business zu entwickeln. Die Fähigkeit, klare Gedanken zu fassen, wird Frauen dabei unterstützen, die richtigen Weichenstellungen vorzunehmen.

Nicht zu vergessen ist auch die Selbstfürsorge. Während dieser Zeit sollten Frauen sich natürlich auch um ihre Gesundheit kümmern. Regelmäßige Bewegung, Meditation und bewusste Entspannung können helfen, Stress abzubauen und die Energie hochzuhalten, um sich voll und ganz auf das Business konzentrieren zu können. Dabei ist zu beachten, dass jeder Körper anders reagiert. Frauen sollten sich also Zeit nehmen, um auf ihre eigenen Bedürfnisse zu hören, und ihre Aktivitäten entsprechend anpassen.

LIFESTYLE WÄHREND DER OVULATIONSPHASE

Während der Ovulationsphase sind Frauen kommunikationsstark. Daher ist diese Phase gut geeignet, um herausfordernde oder schwierige Gespräche mit dir nahestehenden Personen zu führen. Für persönliche Beziehungen kann die hohe Fruchtbarkeit dazu führen, dass Frauen sich für neue Erfahrungen öffnen. Für ein erstes Date ist diese Phase also ideal, da die Fruchtbarkeit am höchsten ist und Frauen sich möglicherweise von ihrer besten Seite zeigen.

Es gibt wissenschaftliche Erkenntnisse und Studien, die darauf hindeuten, dass Frauen während der Ovulationsphase, insbesondere zum Zeitpunkt des Eisprungs, auf Männer attraktiver wirken können. Dieses Phänomen wird oft als „Ovulations-Effekt" oder „Eisprungattraktivität" bezeichnet und basiert auf verschiedenen biologischen Faktoren:

→ Physische Merkmale: Während des Eisprungs können subtile Veränderungen in physischen Merkmalen auftreten. Zum Beispiel könnte die Haut gesünder und strahlender erscheinen, was aufgrund hormoneller Veränderungen während des Eisprungs geschieht.

→ Duftstoffe: Untersuchungen haben gezeigt, dass Frauen während des Eisprungs subtile Veränderungen in ihrem Körpergeruch aufweisen können, die für Männer attraktiver sein könnten. Dies könnte auf eine erhöhte Produktion bestimmter Duftstoffe zurückzuführen sein, die mit der Fruchtbarkeit in Verbindung stehen.

→ Verhaltensänderungen: Frauen können während des Eisprungs oft selbstbewusster, gesprächiger und offener sein, was aufgrund der biologischen Anziehungskraft für potenzielle Partner ebenfalls attraktiv wirken kann.

→ Biologische Anziehung: Es wird angenommen, dass Männer aufgrund evolutionärer Mechanismen während des Eisprungs biologisch angezogen werden könnten, da dies die fruchtbarste Phase des weiblichen Zyklus ist und die Fortpflanzungschancen höher sind.

Studien haben gezeigt, dass Männer subtile Anzeichen der Fruchtbarkeit erkennen und dazu neigen, Frauen während des Eisprungs attraktiver zu finden, obwohl diese Signale oft unbewusst wahrgenommen werden.

> ♥ ***Liebevolle Anmerkung***
> *Es ist jedoch wichtig zu betonen, dass persönliche Anziehung und Attraktivität sehr subjektiv sind und von vielen Faktoren abhängen. Der „Ovulations-Effekt" kann bei verschiedenen Menschen unterschiedlich stark ausgeprägt sein und spielt nicht immer eine zentrale Rolle in zwischenmenschlichen Beziehungen. Es ist nur ein Aspekt des komplexen Zusammenspiels menschlicher Beziehungen und Anziehungskräfte.*

LUTEALPHASE/GELBKÖRPERPHASE – ACHTSAMKEIT, AUFMERKSAMKEIT & BEHAGLICHKEIT

Während der Lutealphase steigt das Progesteron an, was dazu führen kann, dass Frauen sich introspektiver fühlen. Introspektion ist z. B. wichtig, um sich selbst besser kennenzulernen und herauszufinden, wer man wirklich ist, was das „Ich" ausmacht. Dieser Umstand kann als Zeit der Vorbereitung und Vertiefung genutzt werden – ideal für detailorientierte Aufgaben, Planung und die Vollendung von Projekten. Kreativität kann weiterhin fließen, jedoch vielleicht auf eine ruhigere Weise.

Die Energie wird weich und wendet sich nach innen. Jetzt ist die Nestbauzeit, z. B. Schrank neu organisieren, Wäsche waschen. Das Verhältnis von Östrogen zu Progesteron verursacht, dass Frauen Dinge wahrnehmen, die vorher keine Rolle gespielt haben. Das Gehirn beginnt, administrative Aufgaben zu priorisieren (z. B. Onlinebanking, putzen, im Voraus kochen). Am Ende dieser Phase nimmt die körperliche Energie ab, was zum PMS-Syndrom führen kann.

KÖRPERLICHE BEDÜRFNISSE UND IMPULSE FÜR MEHR SELBSTVERSTÄNDNIS

Die vierte Zyklus-Phase ist die Zeit vor Periodenbeginn. Ich nenne sie gerne die „Zeit der Magierin“ und finde diese Zeit sehr wichtig, denn sie hat viel Potenzial für Transformation. Sie bereitet aus meiner Sicht alle anderen Phasen vor. Wenn Frauen diese Phase besser verstehen und auf ihre individuellen Bedürfnisse in dieser Phase achten, dann können sie enorm viel innerlich ausgleichen. Denn die Phase kann „alles zerstören“ und Frauen negativ ausrichten. Oder sie kann viel Heilung kreieren, und Frauen können dadurch in eine gute Energie kommen und sich positiv ausrichten. Sie können mit dieser guten Ausrichtung regelrecht „das Paradies auf Erden mit den Fingerspitzen erreichen“.

Es kann sein, dass Alltagsärgernisse für Frauen in dieser Phase übergroß werden. Also irgendwas, was nicht passt, wird auf einmal übergroß und kann sich überwältigend anfühlen. Frauen sind dann sehr schnell gereizt oder sogar überreizt. Ihr „Ich“ steht (anders als in der Phase davor) nun im Vordergrund. Die Konzentrationsfähigkeit nimmt nach und nach weiter ab im Verlauf dieser Phase. Unlogisches Denken dominiert ihr Sein.

Du willst aber zugleich nicht gebremst werden, du willst nicht nachlassen. Du merkst sicher gerade schon: Hier entstehen enorme Polaritäten! Du hast auf einmal irre kreative Einfälle, die du am liebsten sofort umsetzen möchtest. Deine Ideen explodieren regelrecht in dir, und alles will raus aus dir. Wenn du diese wilde Kreativität nicht auslebst, sorgst du zusätzlich für noch mehr Reizbarkeit. Es kommt zu einem Wandel von äußeren zu inneren Aspekten. Was tut dir jetzt genau gut? Es tut dir sehr gut, wenn du Raum für Kreativität erzeugst. Wenn du deinen Ideen und inneren Impulsen folgst, so verrückt sie auch sein mögen. Beginne in dieser Phase keine Diskussionen mit engen Vertrauten. Wichtige Gespräche und große Entscheidungen solltest du vertagen, am besten bis nach der Blutungszeit.

Was braucht der weibliche Körper? Zu Beginn der Phase ist er sehr aktiv und kraftvoll. Dann lässt die Kraft allmählich nach. Manche greifen dann auch gerne zu mehr Essen oder mehr Kaffee oder Zucker, um die abnehmende Kraft zu kompensieren. Was wäre, wenn Frauen sich stattdessen erlauben würden, auf ihren Körper zu hören und ihm bei Bedarf die Ruhe zu geben, die er sich offensichtlich wünscht?

Es kann sein, dass hier Glaubenssätze und Befürchtungen hochkommen, wie z. B.

→ Dann bin ich faul.

→ Ich darf nicht schwach sein. (An der Stelle: Ist das nicht spannend, dass wir Ausruhen mit Schwäche assoziieren?!)

→ Was denken andere (Kolleg*innen, Partner*innen, Eltern, Freund*innen, Kund*innen etc.) über mich, wenn ich absage oder mich ausruhe?

Es ist eine große Dynamik da in dieser Phase, gleichzeitig wird schnell alles zu viel. Es kann sein, dass Frauen ihrem Fluchtinstinkt folgen möchten und überschüssiges Adrenalin ausschütten. Sie haben viel physische Stärke und Kraft, die dann im Verlauf der Phase immer mehr nachlässt. Dass gegen Ende der Phase die physische Energie abnimmt, ist gut und richtig so. Mehr und mehr Lustlosigkeit kommt auf, was völlig normal ist. Was Frauen jetzt guttut, ist, genauer (als in den zwei Phasen davor) hinsehen und hinfühlen:

? Wie viel Bewegung brauche ich jetzt?

? Was braucht mein Körper jetzt?

? Was brauche ich nicht?

? Wo darf ich Grenzen setzen?

Die Gefühle sind nun sehr destruktiv bis hin zu selbstzerstörerisch. Frauen machen sich selbst und anderen Menschen Vorwürfe; das ist sehr unangenehm, für sie selbst und für andere. Sie empfinden einen Gefühlsmix aus ratlos, unruhig, wütend, zornig, intolerant und eventuell eifersüchtig. Zugleich launisch, sprunghaft und extrem verletzlich. Es kann sein, dass eine Frau nun auf einmal plötzlich weinen muss und sich selbst nicht sicher ist, warum eigentlich. In keiner anderen Phase sind Frauen so kritisch und zugleich perfektionistisch. Der Perfektionismus in dieser Phase geht manchmal so weit, dass er zu einer regelrechten Besessenheit führt. Besessenheit und das „Ich“ stehen im Vordergrund, sodass kaum Rücksicht auf die Gefühle anderer genommen wird und niemand es einem recht machen kann.

Ich spreche hier gerade von der „Natur“ dieser Phase. Sicher trifft nicht alles auf jede Frau zu, aber es tut gut, viele Beispiele zu hören, um anerkennen zu können, dass die Verwirrung und Anstrengung in dieser Phase normal sind. Frauen sollten in dieser Phase ihren Träumen und Bedürfnissen Raum geben – das wird helfen, leichter durch sie durchzukommen.

Die Sexualität in dieser Phase kann machtvoller, führend und dominanter sein als sonst. Frauen können eine fordernde feurige Lust empfinden. Die dunkle Seite kommt zum Vorschein und lädt dazu ein, sich der Erotik hinzugeben. Manche Frauen tragen in dieser Zeit gerne sexy Dessous. Spontaneität ist dir jetzt wichtig. Ich möchte Frauen ans Herz legen, alles rauszulassen, was gelebt werden möchte. Lass es zu, Extase zu erleben, und genieße deinen Orgasmus. Lass die Explosion und dein Feuer brennen.

Es entstehen extrem schnell Dysbalancen in allen Bereichen des Lebens. Es baut sich viel Wut und Aggression auf das eigene Selbst, den Körper, den Partner und andere Menschen auf. Frauen haben nun mehr Sorgen, Gedanken und Zweifel, als sie es sonst von sich selbst kennen, und dies verunsichert sie. Wenn Frauen wissen, dass dies ein Teil ihres Zyklus ist, dann erzeugt es Ruhe und Frieden. Überhaupt führt mehr Verständnis, Akzeptanz und Selbstannahme zu mehr Ruhe und Ausgeglichenheit. Wenn wir etwas ablehnen – wie Gefühle, Empfindungen, Situationen und Gedanken –, dann wird es mit der Ablehnung nur noch schlimmer und überwältigender. Dann ist unsere Energie dagegen und steht nicht für Lösungen zur Verfügung.

? Was würde passieren, wenn du alles immer radikal annehmen und akzeptieren würdest?

? Wie viel mehr Leichtigkeit und Frieden würde es bringen, deinen Zyklus und deinen Körper zu respektieren und anzunehmen?

- Wie viel mehr Leichtigkeit und Akzeptanz mit diesen Phasen ist für dich möglich?

- Wie viel mehr darfst du dich deiner Natur hingeben?

Gib dich diesem wilden Fühlen hin. Gib dir selbst Raum für diese kreativen Gedanken. Höre auf, dich zu begrenzen oder zusammenreißen zu müssen. Je freier du bist, je freier du dich gibst, desto weicher und leichter zeigt sich diese Phase. Und denk dran: Keine wichtigen Entscheidungen in dieser Phase. Keine zu emotionalen Gespräche und Diskussionen. Es wird alles deutlich klarer und „unemotionaler", wenn du wichtige Gespräche oder Entscheidungen auf die Zeit nach der Menstruation vertagst.

AUSWIRKUNGEN AUF DEINEN BERUF UND DEIN BUSINESS

Ich erlebe wöchentlich, dass Klient*innen sehr am Kämpfen sind mit sich, ihren Gedanken und ihrem Business. Sie zweifeln alles, jeden und ihre eigenen (wundervollen, wertvollen) Angebote an, finden auf einmal alles schlecht und stellen alles infrage. Alles wird angezweifelt. Auf die Frage, in welcher Zyklusphase sie sich gerade befinden, stellt sich oft heraus, dass sie kurz vor ihrer Periode sind. Ich kläre sie dann auf, dass es hormonell ganz normal ist, in dieser Phase alles anzuzweifeln und sie diese Gedanken nicht so persönlich nehmen sollen. Darauf folgen immer ein Aufatmen und eine enorme Erleichterung. Denn wenn wir wissen, dass dies ein normaler biologischer Prozess ist, nehmen wir uns all diese Zweifel nicht mehr so zu Herzen. Wir zweifeln uns und unser Business nicht mehr grundsätzlich an, sondern können einen gewissen Abstand finden. Denn nach der Blutung ist es wieder gut, und der Blick auf das vorher riesengroße Problem ist plötzlich keine große Sache mehr. Neue Lösungen sind auf einmal einfach da, und viel mehr Leichtigkeit kehrt ein. Daher bitte nimm diese ganzen konfusen Gefühle und Zweifel ab jetzt nicht mehr persönlich. Ich hoffe, es macht bei dir jetzt „klick", und du kannst rückblickend einige Situationen besser verstehen. Vielleicht kann ich dir hiermit helfen, dass dieses monatliche Tief nicht mehr so tief ist und du es ab jetzt aufpolsterst mit einem liebevollen Verständnis dir selbst gegenüber.

KÖRPERLICHE VERÄNDERUNGEN UND ERNÄHRUNG

In der ersten Hälfte der Lutealphase bleibt das Energielevel oft noch hoch. Die Ernährung sollte auf B-Vitamine, Kalzium, Magnesium und Ballaststoffe ausgerichtet sein. Denn sie optimieren die Gelbkörperphase:

→ Verhindern von Zuckergelüsten durch viel B-Vitamin. B-Vitamine regen die Progesteron-Produktion an.

→ Kalzium-Magnesium-Kombinationen, insbesondere aus grünem Blattgemüse, lindern die Auswirkungen von Wasseransammlungen.

→ Gesunde, natürliche Zuckerformen helfen beim Absenken des Östrogen-Spiegels, der sonst dazu führen kann, dass du weinerlich und angreifbar bist. Diesen natürlichen Zucker erhält man z. B., indem man Gemüse röstet oder backt.

→ Komplexe Kohlenhydrate helfen, den Serotonin- und Dopamin-Spiegel im Gehirn zu stabilisieren, was Gefühlsschwankungen verhindern kann.

SPORT WÄHREND DER LUTEALPHASE

In der ersten Hälfte der Phase können High-Impact-Sportarten wie Joggen, Kickboxen, Gewichtheben und Spinning aufgrund des höheren Energielevels in dieser Zeit fortgesetzt werden. Cardio sollte am Morgen eingeplant werden.

In den letzten fünf Tagen der Phase sollte der Fokus auf leichtere Bewegungen wie Spazierengehen, Yoga, Pilates oder Schwimmen gelegt werden. Speziell Yin Yoga kann helfen, PMS-Symptome zu lindern.

LIFESTYLE: ACHTSAMKEIT, AUFMERKSAMKEIT & BEHAGLICHKEIT

Die Energie wird ruhiger und nach innen gerichtet. Dies ist eine Zeit der Achtsamkeit und Behaglichkeit, die für Nestbauaktivitäten genutzt werden kann, sei es in der äußeren Umgebung wie dem Organisieren des Hauses oder in der inneren Welt durch Selbstpflege und -reflexion.

HORMONELLE VERÄNDERUNGEN

Während der Ovulationsphase, nachdem das Ei den Eierstock verlassen hat, beginnt der Follikel, aus dem das Ei freigesetzt wurde, sich in das Corpus Luteum umzuwandeln. Das Corpus Luteum ist für die Produktion von Progesteron verantwortlich. Progesteron spielt eine entscheidende Rolle bei der Vorbereitung des Uterus für eine mögliche Schwangerschaft, indem es die Gebärmutterschleimhaut verdickt und aufrechterhält, um eine Einnistung des befruchteten Eis zu unterstützen.

Mehr Ausgeglichenheit und Entspanntheit: Progesteron hat eine beruhigende Wirkung und kann dazu beitragen, dass sich Frauen während dieser Phase emotional stabiler und ruhiger fühlen.

Fokussiertere Energie: Die erhöhte Progesteron-Produktion kann zu einem gesteigerten Fokus und einer verbesserten Konzentration führen. Frauen können sich möglicherweise besser auf langfristige Ziele und strategische Entscheidungen konzentrieren.

Bereitschaft zur Unterstützung und Fürsorge: Das Hormon Progesteron wird auch mit einer erhöhten Fürsorge und Empathie in Verbindung gebracht. Frauen könnten in dieser Phase eher dazu neigen, Unterstützung anzubieten und sich um andere zu kümmern.

Regulierung von Hormonen und Testosteron zum Zyklusende: Gegen Ende des Zyklus, wenn das Ei nicht befruchtet wurde, wird das Corpus Luteum vom Körper absorbiert, was zu einem Rückgang der Progesteron-Produktion führt. Dieser Rückgang löst eine Regulation anderer Hormone aus. Das Follikelstimulierende Hormon (FSH) wird wieder aktiviert, was den Beginn eines neuen Menstruationszyklus markiert. Gleichzeitig steigt das Hormon Testosteron gegen Ende dieser Phase an.

AUSWIRKUNGEN AUF DAS BEFINDEN UND HANDLUNGEN

Das Ansteigen von Testosteron kann mit einem Energieschub verbunden sein, der Frauen motiviert und dazu anregt, aktiver zu sein. Dies kann sich positiv auf die Produktivität und die Bereitschaft auswirken, neue Herausforderungen anzugehen. Der Anstieg von Testosteron könnte auch mit einem gesteigerten Durchsetzungsvermögen und einer höheren Risikobereitschaft verbunden sein. Frauen könnten sich in dieser Phase eher bereit fühlen, mutige Entscheidungen zu treffen oder neue Ideen voranzutreiben.

GESUNDE ERNÄHRUNG WÄHREND DER LUTEALPHASE

Raffinierte Zucker sollten vermieden werden und stattdessen natürliche Zuckerquellen wie Obst oder Datteln genutzt werden. Komplexe Kohlenhydrate helfen, den Serotonin- und Dopaminspiegel auszugleichen und Gefühlsschwankungen vorzubeugen.

Getreide: Naturreis, Hirse, Quinoa

Hülsenfrüchte: Kichererbsen, weiße Bohnen

Obst: Apfel, Dattel, Pfirsich, Birne, Rosinen, Erdbeeren

Gemüse: Brokkoli, Kohl, Kürbis, Blumenkohl, Rettich, Sellerie (Stangen), Gurke, Ingwer, Daikon (Riesenrettich aus Ostasien), Pastinake, Lauch, Senfblätter (brauner Senf), Zwiebel, Knoblauch, Süßkartoffel, Wasserkresse

Nüsse: Pinienkerne, Walnuss

Fisch: Kabeljau, Butt, Heilbutt

Andere: Minze, Spirulina, Brennnesseltee

Insgesamt ist die Lutealphase eine Zeit der inneren Achtsamkeit und Behaglichkeit, in der sich der Fokus zum Ende hin immer mehr nach innen richtet. Es ist eine Gelegenheit, sich um sich selbst zu kümmern, sich zu entspannen und sich auf die Bedürfnisse des eigenen Körpers und Geistes zu konzentrieren.

VERÄNDERUNGEN IM EMPFINDEN DES **WEIBLICHEN ZYKLUS**

Unser Zyklus und unser Empfinden der einzelnen Phasen können sich verändern, besonders nach einer Schwangerschaft oder anderen lebensverändernden Ereignissen. Auch nimmt jede Frau ihren Zyklus individuell wahr. Das Empfinden der Energie, der Stimmungen oder anderer Symptome kann sich im Laufe der Zeit wandeln. Ich möchte dich dazu ermutigen, mehr Frieden zu schließen mit deiner zyklischen Natur und auch etwaigen Veränderungen.

VERÄNDERUNGEN IM EMPFINDEN DES WEIBLICHEN ZYKLUS NACH DER SCHWANGERSCHAFT

Hormonelle Veränderungen: Eine Schwangerschaft führt zu erheblichen Veränderungen im Hormonhaushalt einer Frau. Die hormonellen Schwankungen während der Schwangerschaft und nach der Geburt können sich auf den gesamten Menstruationszyklus und das Empfinden der verschiedenen Phasen auswirken.

Postpartale Veränderungen: Der Körper durchläuft nach der Geburt eine Reihe von Veränderungen, darunter mögliche anatomische Veränderungen, die das Empfinden des Eisprungs oder anderer Phasen beeinflussen können. Nach der Geburt kann sich der Körper einer Frau aufgrund hormoneller Umstellungen anders verhalten. Die Wahrnehmung von Symptomen wie Schmerzen oder Ziehen während des Eisprungs kann sich aufgrund der veränderten Anatomie oder der Empfindlichkeit des Körpers verändern.

Nach der Geburt kann sich der Babyblues einstellen, er geht mit leichten depressiven Verstimmungen, Traurigkeit, Stimmungslabilität und Irritierbarkeit einher.

06

NACHBEREITUNG DIESES KAPITELS

1. Nimm dir einen Moment Zeit und reflektiere nochmals die Inhalte des Kapitels „Women Code". (Wenn du ein Mann bist, kannst du dir überlegen, wie du die Frauen in deinem Umfeld – sei es deine Partnerin, Freundin, Arbeitskollegin oder Tochter – unterstützen kannst oder sie zumindest akzeptierst, so wie sie sind. Dazu ist es natürlich förderlich, sich selbst so zu akzeptieren, wie man ist.)

2. Achte die nächsten Wochen und Monate darauf, wie sich dein Zyklus auf deine Stimmung, Produktivität und dein Empfinden auswirkt. Dazu kann ich dir empfehlen, eine Zyklus-Tracker-App zu verwenden, wenn möglich lad dir am besten jetzt direkt eine herunter im App-Store.

3. Beobachte, wie es dir mit diesem neuen Wissen gelingt, Stimmungsschwankungen, Müdigkeit oder Zweifel nicht mehr so persönlich zu nehmen, sondern zu erkennen, dass es in gewissen Phasen normal ist und es fast jeder Frau so geht. Mir hat dieses Wissen ENORM geholfen, nicht mehr alles in meinem Leben grundlegend anzuzweifeln, sondern mir zu sagen: „In ein paar Tagen ist alles wieder gut. Ich bin okay." Insbesondere bei Dingen, die früher eine totale Katastrophe für mich waren und die mich und mein Business vor allem in der Herbst-/PMS-Phase anzweifeln ließen. Was für eine Befreiung!

4. Reflektiere ab heute die verschiedenen Phasen schriftlich in deinem Journal und lerne dich so noch besser kennen.

5. Beginne in der dritten Phase, der Herbst-Zeit vor deiner Periode, keine Diskussionen mit engen Vertrauten. Wichtige Gespräche und Entscheidungen solltest du vertagen, am besten bis nach der Blutungszeit. Akzeptiere deine Gefühle und Zweifel in dieser Zeit und nimm sie nicht mehr persönlich. Gib dich diesem wilden Fühlen hin. Gib dir selbst Raum für diese kreativen Gedanken. Höre auf, dich zu begrenzen oder zusammenreißen zu müssen. Je freier du bist, je freier du dich gibst, desto weicher und leichter zeigt sich diese Phase.

07

TRANSFORMATION & SELBSTWERT

In diesem Kapitel lernst du praktische Werkzeuge zur Stärkung deiner Resilienz kennen. Ich schreibe über Denkansätze, die uns auf dem Weg zu mehr Resilienz im Weg stehen. Außerdem geht es in diesem Kapitel um die Stärkung deines Selbstwertgefühls, damit du in der Lage bist, mit Rückschlägen und Krisen besser umzugehen.

TRANSFORMATION BEGINNT MIT ENTSCHEIDUNGEN: VOM OPFER ZUM SCHÖPFER

Wir alle haben mal einen schlechten Tag, wir alle tragen unser Päckchen, wir alle haben unsere Geschichte. Doch wir alle haben die Möglichkeit zur Transformation, indem wir eine Entscheidung treffen:

→ Die Entscheidung für Veränderung

→ Die Entscheidung, uns und unsere Situation zu akzeptieren und nicht mehr in der Ablehnung zu sein

→ Die Entscheidung für einen Neuanfang

→ Die Entscheidung, nicht aufzugeben

→ Die Entscheidung, nach Lösungen zu suchen, statt zu klagen

→ Die Entscheidung aufzuhören, anderen die Schuld zu geben, weil wir andere nicht ändern können, nur uns selbst

→ Die Entscheidung, unser Glück nicht von anderen abhängig zu machen und ihnen keine Macht mehr über unser Wohlbefinden zu geben

→ Die Entscheidung, kein Opfer seiner Umstände zu sein, sondern Schöpferin, Creator, Leaderin, Stehaufmännchen oder einfach nur ein Mensch, der sich aus dem Schatten wieder der Sonne zuwendet

LEBE IM **HIER UND JETZT**

Alles beginnt mit deiner Entscheidung und deiner bewussten Wahrnehmung von dem, was gerade ist. Solange du den gegenwärtigen Moment nicht akzeptierst, ist deine Kraft dagegen gerichtet und all deine Energie ist im Widerstand gefangen.

Die Gedanken „Es hätte anders laufen können" und „Ich hätte mich anders verhalten sollen" stimmen nicht. Sie sind nur Ausdruck einer Geschichte, die du dir erzählst. Es ist so gelaufen, wie es gelaufen ist. Ich kann überlegen, wie ich es beim nächsten Mal anders mache bzw. wie ich die gemachte Erfahrung nutze, um zu wachsen. Deine Aufgabe besteht also darin, in die Akzeptanz zu gehen: Es ist, wie es ist. Und wenn dir das schwerfällt, dann darfst du auch dafür in die Akzeptanz gehen, wenn du etwas (noch) nicht akzeptieren kannst.

Der größte Schmerz in unserem Leben entsteht, weil wir unseren jetzigen Moment anders haben wollen, weil wir ihn nicht akzeptieren, wie er ist. Wir sehnen uns nach Veränderung, nach Verbesserung, nach Perfektion in verschiedenen Lebensbereichen. Ob es nun unser Aussehen, unsere Beziehungen, unsere finanzielle Situation oder unsere körperliche Fitness betrifft, wir streben ständig nach einem Idealzustand.

Wir leben in einer „Wegmach-Gesellschaft", in der wir alles weghaben wollen, was nicht passt. Doch was passiert, wenn wir einfach an der Oberfläche etwas weghaben wollen, ohne die tieferen Ursachen zu verstehen, zu akzeptieren und zu lösen? Ein bildhaftes Beispiel hierfür ist die Fettabsaugung, die Menschen durchführen lassen, um bestimmte Körperregionen zu verändern. Doch oft wird dabei das wichtige Lymphsystem unter der Haut beschädigt. Das führt dazu, dass die Lymphflüssigkeit nicht mehr richtig abfließen kann, was zu Problemen wie schweren Beinen und Klumpfüßen führen kann. Sie leiden mehr als vorher und dadurch, dass sie das Thema dahinter nicht lösen, kommt neues überschüssiges Fett hinzu, welches nun an den absurdesten Körperstellen ansetzt, wie z. B. am Hals. Ich habe mal eine Frau kennengelernt mit Fettbeulen am Hals. Sie hat sich immer wieder am ganzen Körper Fett absaugen lassen, und der Körper konnte dann an den Stellen kein Fett mehr ansetzen. Da sie aber immer weiter versucht hat, ihre Probleme mit übermäßig viel Essen zu lösen, kam neues Fett und hat sich in Beulen am Körper gebildet. Ihre Füße taten ihr weh, weil sie voller Lymphflüssigkeit waren. Die Frau tat mir leid. Ich fragte sie, ob ich ihr was dazu sagen dürfte, sie sagte: „Ja gerne, die meisten Menschen heutzutage sind ja eh nicht mehr ehrlich und reden lieber hinterm Rücken, als es einem ins Gesicht zu sagen." Ich empfahl ihr eine Therapie, um an ihren Themen dahinter zu arbeiten. Sie meinte, dass sie das gerne vor den ganzen Schönheits-OPs von jemandem gehört hätte. Darauf ich: „Gestern gibt es nicht mehr, es gibt nur das Jetzt. Du kannst jetzt nur noch nach vorne schauen und das Beste aus der Situation machen."

Dieser Erfahrungsbericht steht metaphorisch dafür, was passiert, wenn wir uns nur oberflächlich mit unseren Problemen befassen und versuchen, sie einfach „wegzumachen", anstatt sie zu akzeptieren, zu bearbeiten und in der Tiefe unsere Wurzeln zu heilen.

Es ist wichtig zu erkennen, dass der gegenwärtige Moment bereits existiert und nicht rückgängig gemacht werden kann. Die einzige Wahl, die wir haben, ist, wie wir darauf reagieren. Können wir Frieden mit dem gegenwärtigen Moment schließen? Können wir akzeptieren, dass das Leben manchmal unvollkommen und chaotisch ist, ohne ständig danach zu streben, es zu ändern? Indem wir den gegenwärtigen Moment annehmen und uns selbst erlauben, damit in Frieden zu sein, können wir uns von innerem Konflikt und Leiden befreien und den Weg für persönliches Wachstum und Glück ebnen.

AUFGABE: ACHTSAMKEITSÜBUNG ZUR WAHRNEHMUNG

Halte inne und atme tief durch. Nimm ein paar tiefe bewusste Atemzüge und frage dich: Wie fühle ich mich? Wie geht es mir bezüglich der verschiedenen Lebensbereiche?

Setze dich an einen ruhigen Ort, an dem du für ein paar Minuten ungestört sein kannst. Schließe deine Augen und konzentriere dich auf deinen Atem. Spüre, wie die Luft in deine Lungen strömt und wieder ausströmt.

Lass deinen Atem natürlich fließen, ohne ihn zu kontrollieren.

Während du weiteratmest, lenke deine Aufmerksamkeit auf deinen Körper. Spüre die Empfindungen, die er dir gerade gibt. Vielleicht bemerkst du Spannungen oder Entspannungen, Hitze oder Kälte, Leichtigkeit oder Schwere. Wie geht es deinem Körper? Wie fühlt sich dein Körper gerade an?

Nun richte deine Aufmerksamkeit auf deine Gedanken. Lass sie kommen und gehen, ohne an ihnen festzuhalten. Beobachte, welche Gedanken dir durch den Kopf gehen, ohne sie zu bewerten oder zu analysieren. Welche Gedanken poppen auf und suchen nach deiner Aufmerksamkeit? Was wollen sie dir mitteilen?

Schließlich wende deine Wahrnehmung deinen Gefühlen zu. Erlaube dir zu fühlen, was auch immer du gerade fühlst, ohne es zu verurteilen oder zu unterdrücken. Lass deine Gefühle durch deinen Körper fließen und gib ihnen Raum, während du tief durchatmest. Akzeptiere deine Gefühle einfach so, wie sie jetzt gerade sind.

Nachdem du dich eine Weile auf deine Atmung, deinen Körper, deine Gedanken und deine Gefühle konzentriert hast, nimm dir einen Moment, um zu reflektieren:

? Welche Erkenntnisse hast du gewonnen?

? Was hast du über dich selbst erfahren?

Diese Übung zur bewussten Wahrnehmung kann dir helfen, dich mit dir selbst zu verbinden und ein tieferes Verständnis für deine Gedanken, Gefühle und Bedürfnisse zu entwickeln. Indem du regelmäßig diese Praxis der Achtsamkeit anwendest, legst du den Grundstein für persönliches Wachstum und Entwicklung.

Nachdem wir diese Wahrnehmung entwickelt haben, kommen wir zum zweiten Schritt: Akzeptanz. Aber Achtung: Akzeptanz bedeutet nicht, dass wir uns mit den gegenwärtigen Umständen abfinden oder uns ihnen ausliefern. Vielmehr geht es darum, die Realität anzuerkennen, wie sie ist, ohne Widerstand oder Ablehnung. Indem wir uns selbst und unsere Lebenssituation vollständig akzeptieren, öffnen wir uns für Veränderung und Entwicklung. Im Folgenden zeige ich dir eine Übung, um mehr Akzeptanz in dein Leben zu bringen.

AUFGABE: ACHTSAMKEITSÜBUNG ZUR AKZEPTANZ

Setze dich in eine bequeme Position, schließe sanft deine Augen und konzentriere dich auf deinen Atem. Nimm ein paar tiefe Atemzüge, um dich zu zentrieren.

Nun atme tief ein und denke: Akzeptieren.

Atme tief aus und denke: Korrigieren.

Schicke mit jedem Einatmen den Gedanken „Akzeptieren" von deinem Kopf durch deine Wirbelsäule in deinen ganzen Körper.

Schicke mit jedem Ausatmen den Gedanken „Korrigieren" von deinem Kopf durch deine Wirbelsäule in deinen ganzen Körper.

Richte dann deine Aufmerksamkeit auf deinen Körper. Spüre die verschiedenen Empfindungen in deinem Körper, ohne sie zu bewerten oder zu ändern.

Nun atme tief ein und denke: Akzeptieren bezüglich meines Körpers.

Atme tief aus und denke: Korrigiere alles, was dem im Weg steht an Schwere oder Blockaden.

Erlaube deinem Körper, genauso zu sein, wie er ist, in diesem Moment. Und lass alles, was dich noch blockiert, dass du dich akzeptierst und annimmst, lass es schmerzen, ändere und zerstöre es.

Lenke als Nächstes deine Aufmerksamkeit auf deine Gedanken. Beobachte, welche Gedanken in deinem Geist auftauchen, ohne an ihnen festzuhalten oder sie zu verurteilen.

Nun atme tief ein und denke: Akzeptieren bezüglich meiner Gedanken.

Atme tief aus und denke: Korrigieren bezüglich Gedanken, die mir nicht mehr dienen.

Erlaube deinen Gedanken zu kommen und zu gehen, wie Wolken am Himmel.

Schließlich richte deine Aufmerksamkeit auf deine Gefühle. Fühle, was auch immer du in diesem Moment fühlst, ohne es zu verändern oder zu unterdrücken. Akzeptiere deine Gefühle, so wie sie sind, ohne Urteil oder Bewertung.

Nun atme tief ein und denke: Akzeptieren.

Atme tief aus und denke: Korrigieren.

Nimm so alle deine Gefühle an. Lasse mit „Korrigieren" dein Unterbewusstsein alle notwendigen Veränderungen machen, die dir dienlich sind. Dein Unterbewusstsein ist so viel weiser als der beschränkte Verstand.

Während du diese Übung durchführst, erinnere dich daran, dass Akzeptanz nicht bedeutet, dass du mit allem einverstanden bist oder dass du aufhören solltest, an dir und deinen Themen zu arbeiten. Es bedeutet einfach, die Realität anzuerkennen, wie sie ist, und dich dem gegenwärtigen Moment ohne Widerstand zu öffnen in einer liebevollen Hingabe dem gegenüber, was gerade ist.

Nachdem du diese Übung abgeschlossen hast, nimm dir einen Moment, um zu reflektieren, wie du dich fühlst. Vielleicht spürst du eine größere Ruhe und Gelassenheit, oder du erkennst, dass du offener für die Herausforderungen des Lebens bist.

Diese Übung zur Akzeptanz kann dir helfen, mehr Frieden und Gelassenheit in dein Leben zu bringen und dich für Veränderung und Entwicklung zu öffnen.

Die Transformations-Übung „Akzeptieren" und „Korrigieren" habe ich von meiner Mentorin gelernt. Zu jener Zeit ging es mir sehr schlecht, ich hatte täglich Bauchschmerzen, Krämpfe und Koliken, ich konnte Essen kaum vertragen bzw. verdauen. Ich hatte so viel ausprobiert, um zu heilen, war bei sämtlichen Ärzten, doch nichts hatte geholfen. Rückblickend kann ich erkennen, dass ich in einem enormen Widerstand war und im Außen nach Lösungen suchte – klar konnte das nicht funktionieren. Was mir dann tatsächlich Heilung brachte, war das Auseinandersetzen mit den psychischen Themen, die zu den Schmerzen geführt hatten. Und vor allem das „Akzeptieren" und „Korrigieren". Jedes Mal, wenn ich Schmerzen hatte, legte ich meine Hand auf den Bauch, atmete tief ein und dachte „akzeptieren", und beim Ausatmen dachte ich „korrigieren". Einatmen „Ich akzeptiere alle meine Gefühle", ausatmen „Ich korrigiere meine Gefühle". Einatmen „Ich akzeptiere meine Emotionen", ausatmen „Ich korrigiere meine Emotionen". Ich nahm einfach alles in einer absoluten Akzeptanz an und ließ meinen Körper die für Heilung notwendigen Veränderungen machen.

Diese Übung mache ich bis heute jede Woche mehrmals. Immer wenn es mir nicht gut geht, irgendwas wehtut – psychisch oder physisch – denke ich mir:

Einatmen: Akzeptieren. – Ausatmen: Korrigieren.

Was, wenn Transformation und Veränderung so einfach sein dürfen? Was, wenn du deine Widerstände, deine Barrikaden loslässt und dich für Heilung auf allen Ebenen öffnest? Was, wenn es leicht geht? Wie kannst du dir noch mehr Leichtigkeit eröffnen?

Es kann sein, dass dein Verstand jetzt dagegen arbeitet und dir Geschichten erzählt, warum das bei dir nicht geht, warum das für dich nicht möglich ist. Frage dich, ob diese Geschichten dir dienlich sind? Frage dich, ob du dir weiter diese Geschichte erzählen möchtest und ob du sie dir weiter als deine Realität abkaufen möchtest? Denke dir auch hier, Einatmen: Akzeptieren – Ausatmen: Korrigieren.

So einfach diese Übung klingen mag, sie hat meine Gesundheit enorm verbessert und meine Psyche geheilt. Weit weg von Verstand und Ratio. Diese Übung arbeitet unbewusst und spricht dein Unterbewusstsein an. Eine offene Haltung ist hilfreich, aber nicht unbedingt notwendig.

Wenn du dich jetzt fragst, warum die Übung funktioniert, dann möchte ich dir zu ihrer Wirksamkeit zwei Studien vorstellen:

Eine Studie von Shapiro et al. (2006) untersuchte die Auswirkungen eines achtsamkeitsbasierten Stressreduktionsprogramms auf die psychische Gesundheit von Teilnehmer*innen mit verschiedenen Beschwerden. Die Ergebnisse zeigten eine signifikante Reduktion von Stress, Angst und Depression sowie eine Verbesserung des emotionalen Wohlbefindens nach Abschluss des Programms. Dies legt nahe, dass Achtsamkeitspraktiken wie das Bewusstsein für den gegenwärtigen Moment und die Akzeptanz von Gedanken und Gefühlen positive Auswirkungen auf die psychische Gesundheit haben.

Eine weitere Studie von Kabat-Zinn et al. (1985) untersuchte die Auswirkungen eines achtsamkeitsbasierten Stressreduktionsprogramms auf Patient*innen mit chronischen Schmerzen. Die Ergebnisse zeigten eine signifikante Verbesserung der Schmerzintensität und der Lebensqualität der Teilnehmer*innen nach der Teilnahme am Programm. Diese Studie legt nahe, dass Achtsamkeitspraktiken, die darauf abzielen, den gegenwärtigen Moment bewusst wahrzunehmen und ohne Urteil zu akzeptieren, helfen, den Umgang mit Schmerzen zu verbessern und das Wohlbefinden deutlich zu steigern.

Diese Studien zeigen, dass Achtsamkeitspraktiken, die auf die Akzeptanz des gegenwärtigen Moments und das bewusste Wahrnehmen von Gedanken und Gefühlen abzielen, positive Auswirkungen auf die psychische Gesundheit und das Wohlbefinden haben können. Deine persönliche Erfahrung mit dieser Übung wird diese Ergebnisse unterstreichen und zeigen, wie kraftvoll Achtsamkeit und Akzeptanz sein können, um Heilung auf verschiedenen Ebenen zu fördern.

SELBSTBEWUSSTSEIN – **DEIN SELBSTWERT**

Welche Blockaden ich auch privat und beruflich hatte – alle Themen ließen sich auf meinen Selbstwert zurückführen. Daher möchte ich in diesem Kapitel intensiver auf das Thema Selbstwert eingehen und dir ein paar hilfreiche Übungen mitgeben, denn dies ist einer der wichtigsten Punkte bezüglich deiner inneren Einstellung. Dazu ist es sinnvoll, sich anzuschauen, was in deiner Kindheit und Erziehung nicht gut lief und die Gesellschaft danach vielleicht noch verstärkt hat. Diese innere Arbeit hilft dir, selbstbewusst an Projekte heranzugehen, wo du früher vielleicht eingeknickt wärst.

Die wenigsten von uns haben in ihrer Kindheit bedingungslose Liebe erlebt, da unsere Eltern schlichtweg nicht dazu in der Lage waren, diese zu geben. Auch hier geht es darum, in die Akzeptanz zu gehen und den Schmerz, den wir noch in uns tragen, zu transformieren. Wir dürfen erkennen, dass wir nun erwachsen sind und selbst dafür verantwortlich, uns selbst gegenüber eine fürsorgliche Mutter zu sein sowie ein schützender Vater. Diese Anteile dürfen wir in uns selbst aufbauen und uns selbst unseren eigenen Wert zusprechen. Wie das geht? Indem du reflektierst, was du in deinem Leben bisher alles geschafft und gemeistert hast.

Die nächste Übung ist unglaublich hilfreich, ich habe sie selbst durchgeführt, als ich mich völlig zerbrochen und wertlos fühlte. Ich habe mich damals hingesetzt und mir einen Timer gestellt, um auch wirklich dran zu bleiben. Denn zu der Zeit, nach der Beerdigung meiner Tochter, quälten mich schwere Depressionen, die mir wie innere Dämonen einreden wollten, ich sei nicht wertvoll, da mir so was Schlimmes passiert war. Doch ich entschied mich dafür, mich diesen Dämonen zu stellen. Denn wenn wir so abwertend denken und fühlen, werden diese „Dämonen" zu unseren Ängsten, zu unserem Trauma, welches nur darauf wartet, von dir angenommen und transformiert zu werden. Also bitte mach diese Übung, egal wie schwer es dir fällt.

SELBSTWERT-ÜBUNG

Schreibe eine Liste von allem, was du geschafft, abgeschlossen und gemeistert hast.

Schreibe anschließend alles auf, was du an dir magst, wie liebenswerte Eigenschaften, deine Persönlichkeit oder deinen Humor.

Nun liste auch alles auf, was du an und in dir schön findest, wie dein Lächeln und dein gutes Herz. Setze dich dafür in Ruhe hin und schreibe alles auf.

In den nächsten drei Tagen ergänzt du die Listen. Nach den drei Tagen machst du mit deinem Handy eine „Sprachmemo", in der du all das Gute über dich aufzählst. Diese Aufnahme hörst du dir so oft wie möglich an, am besten täglich. Es wird eine Menge mit dir machen, deine positiven Seiten, Eigenschaften und Errungenschaften mit deiner Stimme zu hören. Nimm alle Gefühle wahr und atme tief durch beim Anhören. Lächle dir selbst zu und erkenne dich an.

Mir fiel es auch nicht leicht, das Audio anzuhören, es kamen manchmal komische Gedanken wie: „Was sollen diese Lobpreisungen meiner selbst" oder „Völliger Quatsch, ich fühle mich unwohl damit" – aber natürlich war mir klar, dass dieser positive Blick auf mich selbst schlichtweg ungewohnt und neu war. Es war ein neuer Weg, und da ich etwas Neues wollte, nämlich mehr Selbstwertgefühl, öffnete ich mich für die positiven Worte von mir und mir selbst gegenüber.

Behandle dich wie deine beste Freundin, der du ja auch gerne etwas Positives sagst, auch öfter mal, und für die du da bist. Sei dir selbst deine beste innere Freundin. Mache die Übung und bleib dran, ein gesundes Selbstwertgefühl aufzubauen, es geht nicht von heute auf morgen. Es ist eine Reise, ein Weg, mit Tiefen und Höhen. Doch ich möchte dich von Herzen bekräftigen, weiterzugehen und dich als das wundervolle liebende Wesen anzuerkennen, das du in Wahrheit bist. Öffne dein Herz dir selbst gegenüber und bade dich in deiner Liebe und Wertschätzung, denn du verdienst nur das Beste.

Die Sache ist nämlich folgende: Kommst du in deinem Inneren ins Stolpern, ziehst du außen Dinge an, die dich ins Stolpern bringen. Wir ziehen an, was wir ausstrahlen. Wir stolpern erst innen. Automatisch kommen dann von außen Dinge, welche unsere inneren Überzeugungen bestätigen. Daher ist es essenziell wichtig, deine innere Mitte zu festigen. Dafür darfst du lernen, einen gesunden Egoismus zu entwickeln und zu lernen, gut auf dich selbst zu achten.

Um einen gesunden Egoismus und mehr Selbstwertgefühl zu entwickeln und gut auf dich selbst zu achten, könnten die folgenden drei Übungen hilfreich sein:

1 Selbstfürsorge-Tagebuch

Erstelle ein Tagebuch, in dem du täglich einige Minuten damit verbringst, deine Bedürfnisse und Gefühle zu reflektieren. Schreibe auf, was dich glücklich macht, was dich stresst und was du brauchst, um dich gut zu fühlen. Setze dir konkrete Ziele für deine Selbstfürsorge und reflektiere regelmäßig, wie gut du sie umsetzt. Dies hilft dir, deine eigenen Bedürfnisse besser zu erkennen und Prioritäten zu setzen, um dich selbst zu unterstützen.

2 Grenzen setzen und diese kommunizieren

Übe, klare Grenzen zu setzen und sie anderen gegenüber offen zu kommunizieren. Identifiziere, was für dich akzeptabel ist und was nicht, und lerne, dies deutlich auszudrücken, ohne dich schuldig zu fühlen. Sei bereit, Nein zu sagen, wenn es notwendig ist, und erlaube dir, deine eigenen Bedürfnisse über die Bedürfnisse anderer zu stellen, ohne dich egoistisch zu fühlen. Dies wird dir helfen, deine Autonomie zu stärken und gesunde Beziehungen aufzubauen, die auf gegenseitigem Respekt beruhen.

3 Zeit für dich selbst

Nimm dir regelmäßig Zeit für dich selbst, indem du bewusst Zeitblöcke in deinem Kalender reservierst, die ausschließlich dir gehören. Verwende diese Zeit, um Dinge zu tun, die dir Freude bereiten und dich erfüllen, sei es lesen, Sport treiben, malen oder einfach nur entspannen. Schütze diese Zeit vor äußeren Ablenkungen und Verpflichtungen und betrachte sie als einen wichtigen Teil deiner Selbstfürsorge. Indem du dir selbst diese Zeit und Aufmerksamkeit schenkst, zeigst du dir selbst, dass du es wert bist, dich gut zu behandeln, und stärkst so dein Selbstwertgefühl und deine innere Stabilität.

UNSER GESELLSCHAFTSBILD – **KONKURRENZ, MANGELDENKEN UND AUFOPFERUNG**

Wenn ich mir unsere Gesellschaft anschaue, fällt mir immer wieder auf, wie viel es um Konkurrenz und um „besser sein als andere" geht. Wir vergleichen uns, werten uns selbst ab oder stellen uns manchmal auch über andere aufgrund unserer Sichtweise, Werte oder Erfahrungen.

Insbesondere um als Frau erfolgreich zu sein, musst du mit anderen Frauen um die wenigen Plätze kämpfen, die es gibt. Überall lese ich immer: „Frauen sollten sich ihren Platz nehmen." Das impliziert: Wir nehmen als Frauen anderen was weg. Wir nehmen Männern oder anderen Frauen etwas weg. Ist das nicht absurd? Das führt zu Neid, Missgunst und Mangeldenken. Unterbewusst glauben Frauen, dass es nur wenig Platz für sie gibt. Statt uns dafür einzusetzen, die Plätze zu erweitern, streiten wir uns um den einen. Das führt zu Vergleichen und Minderwertigkeitsgefühlen, du siehst dich im Vergleich als minderwertig an.

FÜHLST DU DICH VON ERFOLGREICHEN FRAUEN EINGESCHÜCHTERT?

Wenn sie an der Spitze ist, gibt es keinen Platz für eine weitere, richtig? Lass uns diese negativen Gedanken austauschen und durch stärkende Gedanken ersetzen, die uns alle weiterbringen, wie:

→ Jede Einzelne von uns, die Erfolg hat, vergrößert den Raum für uns alle.

→ Jede Frau, die es schafft, sich auf ihre Stärken zu konzentrieren und Erfolg zu haben, ebnet den Weg für die nächste erfolgreiche Frau.

- → Sie schafft mit ihrem Erfolg den Beweis, dass es jede von uns mit ihren individuellen Stärken schaffen kann!

- → Je mehr einzelne weibliche Vorbilder es gibt, umso schwieriger wird es, Frauen einzureden, wir wären nicht genauso clever, fähig und talentiert, um ein erfolgreiches sowie selbstbestimmtes Leben zu führen.

Was ich damit sagen möchte: Sieh andere Frauen nicht als Bedrohung an. Löse dich von diesen Limitierungen. Setze auf deine Stärken, deine Individualität und Authentizität, statt konstant nach Mängeln im Vergleich zu anderen zu suchen. Es gibt kein begrenztes Pensum. Erfolg ist kein Kuchen. Du nimmst niemandem etwas weg. Traue dich aus dem Schatten, tritt ins Licht und schließe dich der Reihe von erfolgreichen Frauen an.

Auch beim Thema Geld verdienen und Gehaltsverhandlungen spielt dieses Thema eine interessante Rolle. Fragst du offensiv nach mehr Gehalt für deine fantastische Arbeit, oder ist dir das Thema eher unangenehm? Wie geht es dir damit, deine Preise zu erhöhen? Geht dir das leicht von der Hand oder kommen Selbstzweifel auf?

- → Du darfst dein Gehalt einfordern!

- → Sag dir selbst: Ich bin genug! Ich bin wertvoll!

- → Du darfst gutes Geld nehmen für deine fantastische Dienstleistung.

Was steckt dahinter, und warum ist das Thema „Geld nehmen" für die eigene Dienstleistung für viele so ein schwieriges Thema? Der Grund ist meiner Ansicht nach unter anderem ein gesellschaftlicher Grund:

Aufopfernde Frauen werden immer noch als das Optimum angesehen.

Frauen, die alles für andere machen und ihre Bedürfnisse hintanstellen, werden gelobt für ihre Aufopferung. Den meisten von uns fällt es schwer, Prioritäten zu setzen, wenn es um uns selbst geht.

Was du tun kannst, um mehr auf dich zu achten: Frag dich jeden Morgen, wie es dir geht und was du heute brauchst.

INSPIRATIONS-ÜBUNG: EIN GUTER START IN DEN TAG

- ? Was gibt dir morgens einen Endorphin-Kick?
- ? Was bringt dich zum Grinsen?
- ? Was bringt dich irgendwie zum Strahlen?
- ? Wie kannst du das in deine Morgenroutine einbauen?
- ? Schreibe mindestens drei positive Sachen auf: was Gutes passiert ist, wofür du gerade dankbar bist und was gerade gut ist. Gerne mehr als drei. ;-)

Unser Hirn priorisiert negativen Input (Kampf-Flucht-Modus). Du kannst aber daran arbeiten, den Fokus mehr auf die positiven Dinge zu lenken und dich selbst sowie dein Leben als wertvoll anzuerkennen.

Nimm dir einen Moment, um die folgenden Fragen für dich zu beantworten:

- ? Wie geht es dir, und was brauchst du? Richte dich nicht nur nach anderen Menschen aus, sondern nach deinen Bedürfnissen.
- ? Welche Angewohnheiten hast du, die wenig hilfreich sind für dein Wohlbefinden?
- ? Vergleichst du dich oft mit anderen?
- ? Verfällst du in Grübelzwang?
- ? Kritisierst du andere Menschen, wenn du eigentlich unzufrieden mit dir selbst bist?
- ? Redest du dich oft selbst klein? Laut oder auch unausgesprochen?
- ? Wie könntest du diese Angewohnheiten ausschleichen, verändern und in hilfreiche Muster umlenken?

? Was kannst du ganz konkret in deinem Denken und Handeln verändern, um dich selbst innerlich noch wertvoller zu fühlen und dir selbst sowie deinen Fähigkeiten zu vertrauen?

Mein bester Freund Michael hat mal Byron Katie frei zitiert: „Gott, befreie mich von dem Bedürfnis nach Liebe, Wertschätzung und Akzeptanz." Ich denke, das ist ein wichtiges Kernthema, warum wir viele Dinge tun und uns manchmal schlecht fühlen. Wir wollen geliebt werden, wir wollen Wertschätzung erhalten, und wir wollen, dass uns die anderen so akzeptieren, wie wir sind. Doch wenn du ehrlich bist, kannst du dich mal fragen, ob du selbst so eine bedingungslose Akzeptanz, Wertschätzung und bedingungslose Liebe anderen Menschen entgegenbringst.

Es darf dir egal sein, was andere Menschen von dir denken bzw. von dir halten. Lass die Erwartungen los, die andere Menschen an dich stellen. Es ist so wichtig, dich so zu akzeptieren, wie du bist.

GLAUBENSSÄTZE, EMOTIONEN UND GEDANKEN: **RAUS AUS DEN AUSSAGEN, REIN IN DIE FRAGEN!**

Der erste Schritt ist immer die Wahrnehmung. Die Wahrnehmung dessen, was wir verankert haben. Es ist verankert, weil wir es oft genug wiederholt haben. Jetzt wiederholen wir etwas Neues.

Wenn du merkst, dass du wieder in dein altes Muster abgerutscht bist, sagst du dir: „Aha, interessant, jetzt habe ich schon wieder das gedacht." Also keine Verurteilung, nimm es mit Leichtigkeit.

WELCHE FRAGEN DU DIR IMMER STELLEN KANNST

- Will ich das glauben?
- Dient mir diese Aussage?
- Dient diese Aussage der größten Version meiner selbst?
- Was ist die größte/beste Version meiner selbst? Was ist die größte/beste Version meines Lebens?
- Wie möchte ich mein Leben haben?
- Wie geht es leicht?
- Was möchte ich wirklich? Was möchte ich stattdessen glauben?

Stelle dir diese Fragen ab jetzt täglich! Denn sie werden einen enormen Unterschied bewirken in deinem Kopf und deiner Haltung. Was ich glaube, erschafft meine Realität. Raus aus den Aussagen – rein in die Fragen. Wir sollten dem Universum mehr mit Fragen begegnen. Wenn wir dem Universum nur mit Aussagen begegnen, hat es keinen Spielraum für Veränderung und neue Kreationen.

WIE KREIERE ICH NEUE ERGEBNISSE?

Stelle dir offene Fragen! Dabei geht es viel mehr um die Frage an sich und den Raum, den die Frage kreiert. Es geht weniger darum, eine Antwort zu erhalten. Es kann eine Lücke geben zwischen der Frage und den Antworten.

WIE KÖNNEN WIR DIE LÜCKE ZWISCHEN FRAGEN UND ANTWORTEN ÜBERWINDEN?

Diese Lücke überwinden wir durch positive Wiederholung von dem, was wir wollen. Wiederhole es so lange, bis es deine Realität geworden ist.

Feel it till you make it.

Fühle deine neue Identität. Verkörpere deine Herzenswünsche.

Feel it till you make it bedeutet „Fühle es, bis du es schaffst“ oder „Fühle es, bis du es erreicht hast“. Diese Redewendung spielt auf die Idee an, dass man ein bestimmtes Gefühl oder eine bestimmte Einstellung entwickeln und kultivieren sollte, bis sie zur Realität wird oder bis man ein bestimmtes Ziel erreicht hat.

Also statt: „Das funktioniert alles nicht! Für mich funktioniert das nicht! Ich kann das nicht."

Lieber: „Will ich das glauben? Dient mir diese Aussage? Wie funktioniert es mit Leichtigkeit? Was ist sonst noch möglich?"

Erkenne: Wie cool, dass ich mich ab heute neu entscheiden kann! Weil mir jetzt bewusst ist, was ich da mache, wie ich denke und was ich (bewusst oder meist eher unbewusst) kreiere. Heute erkenne ich meine Schöpferkraft an. Ich erkenne heute meine Schöpferkraft und nutze sie bewusst dafür, mein Leben zum Positiven zu verändern.

WIE BEGEGNE ICH DEM EINFLUSS VON AUSSEN?

Wenn dir jemand etwas Negatives erzählt, kannst du folgendermaßen reagieren oder ggf. antworten oder besser darüber denken:

→ Okay, das nehme ich jetzt so erst mal (ungefiltert) NICHT an!

→ Oh, das möchte ich jetzt nicht wählen/glauben.

→ Will ich das glauben? Dient mir diese Aussage?

→ Sind diese Gedanken von mir? Oder habe ich sie wie ein Schwamm aufgesogen? Okay, dann lass ich sie los, wenn sie mir nicht dienen.

Aus meiner Erfahrung tun wir uns selbst keinen Gefallen damit, andere belehren zu wollen. Es ist meist vergebene Liebesmüh oder gar unsere eigene Rechthaberei. Du kannst niemanden davon überzeugen, dass du recht hast. Lass diesen Wunsch, die andere Person möge sich verändern, los! Wenn du möchtest, dass sich dein Außen verändert, dann verändere dich selbst. Das Außen wird, auf die eine oder andere Weise, folgen. Manche Menschen werden verschwinden, und neue werden kommen.

Mir hat bei diesem Loslass-Prozess die Natur geholfen, die damit so unverkrampft umgeht: Vor ein paar Wochen bin ich in Lovina (Bali) mit den Fischern vor Sonnenaufgang aufs Meer rausgefahren. Plötzlich kamen circa 100 Delfine zusammen, und das Meer um uns herum sprudelte regelrecht vor Delfinen. Dann plötzlich teilte sich die große Gruppe in neue kleine Gruppen auf, und jede Gruppe schwamm in eine andere Richtung.

Tatsächlich gibt es wissenschaftliche Erkenntnisse darüber, dass Delfine sich in großen Gruppen treffen und sich neu zu kleinen Gruppen zusammenschließen, ohne dass dabei Drama oder Konflikte entstehen. Dieses Verhalten, das bei Delfinen beobachtet wurde, kann uns Menschen dabei helfen, eine wichtige Lektion über Zusammenarbeit, Anpassungsfähigkeit und Konfliktlösung zu lernen.

Studien haben gezeigt, dass Delfine komplexe soziale Strukturen haben und in Gruppen, sogenannten Schulen, leben. Diese Schulen können aus nur wenigen Delfinen bis hin zu Hunderten oder sogar Tausenden von Tieren bestehen. Innerhalb dieser Schulen gibt es jedoch oft kleinere Gruppen, die sich aus verschiedenen Gründen bilden können, wie zum Beispiel Jagd, soziale Interaktionen oder Fortpflanzung.

Was besonders faszinierend ist, ist die Flexibilität, mit der Delfine ihre sozialen Bindungen eingehen und lösen können. Forscher*innen haben festgestellt, dass Delfine in der Lage sind, ihre Gruppenzugehörigkeit je nach den aktuellen Bedürfnissen und Umständen anzupassen. Dies kann bedeuten, dass sie sich von einer Gruppe lösen und sich einer anderen anschließen, ohne dass dabei Konflikte entstehen.

Eine Studie, veröffentlicht im Journal of Mammalogy, untersuchte das Verhalten von Delfinen in der Shark Bay in Australien und stellte fest, dass Delfine in dieser Population regelmäßig zwischen verschiedenen Gruppen wechseln. Die Forscher fanden heraus, dass die Delfine in der Lage waren, diese Wechsel auf eine kooperative und harmonische Weise zu vollziehen, ohne dass es zu Aggressionen oder Konflikten kam.

WIE KÖNNEN WIR UNSERE GLAUBENSSÄTZE HERAUSFINDEN?

Im Endeffekt ist es ganz einfach. Denn alle unsere Aussagen und Gedanken sind voll von unseren Glaubenssätzen. (Fast) alles, was wir denken und sagen, enthält Aussagen darüber, was wir über die Welt, über uns und über andere denken, genau das sind unsere Glaubenssätze.

Diese Glaubenssätze sind nicht die Realität, auch wenn sie sich oft sehr real anfühlen. Sie sind einfach nur das, was wir glauben. Und das Gute ist, dass wir diesen Glauben verändern können. Wir können neu entscheiden und uns neu ausrichten.

Hier sind acht Glaubenssätze, welche Klient*innen von mir hatten und ihre Umkehrungen. Ich habe einfach ein paar Beispiele herausgegriffen aus meiner Arbeit, um dir den gedanklichen Prozess etwas näher zu bringen.

Beispiel 1

Alter Glaubenssatz: Ich muss meinen Klient*innen immer mehr geben, damit sie zufrieden sind.

Neuer Glaubenssatz: Ich gebe und empfange in Leichtigkeit. Meine Kund*innen sind glücklich & zufrieden mit dem, was meine Dienstleistung beinhaltet. Ich bin für die Zufriedenheit meiner Kund*innen nicht zuständig. Ich gebe mein Bestes, für den Rest bin ich nicht zuständig.

Wie geht es mit Leichtigkeit und Freude? Wie kann ich den Stress leichter loslassen? Wie kann ich mich leichter abgrenzen? Wie geht es leicht?

Beispiel 2

Alter Glaubenssatz: Ich kann keine Führungskraft sein. Ich kann mich nicht durchsetzen.

Neuer Glaubenssatz: Ich bin eine gute Führungskraft. Wie kann ich mit Leichtigkeit und Freude führen? Wie kann ich mir und meinen Fähigkeiten noch mehr vertrauen? Wie kann ich noch mehr ein*e Leader*in verkörpern? Ich stehe selbstbewusst zu mir und meiner Meinung. Ich äußere frei meine Meinung.

Beispiel 3

Alter Glaubenssatz: Ich habe Angst, jemanden zu verletzen!

Neuer Glaubenssatz: Ein Nein kann auch ein Ja zu einer Beziehung sein, zum Beispiel: Ich liebe und wertschätze dich. Ja, ich höre deinen Wunsch, aber ich kann/will dir aktuell dieses Bedürfnis nicht erfüllen. Ich bin für die Emotionen und Gefühle anderer nicht verantwortlich. Ich darf bei mir bleiben und meine Wahrheit aussprechen, egal wie andere das finden, denn das ist ihre Angelegenheit.

Beispiel 4

Alter Glaubenssatz: Wenn es meiner Mutter schlecht geht, geht es mir auch schlecht. Es belastet mich, dass sie so negativ ist.

Neuer Glaubenssatz: Ich bin für die Gefühle meiner Mutter nicht verantwortlich. Ich darf glücklich sein, auch wenn es meine Mutter nicht ist. Wie geht es leichter? Was ist sonst noch möglich? Wie kann ich mir jetzt selbst Anerkennung, Verständnis und Liebe entgegenbringen?

Ich trage die Verantwortung dafür, dass es mir gut geht. Ich bin verantwortlich für mein mentales, emotionales und physisches Wohlbefinden. Denn nur wenn es mir gut geht, kann ich für andere da sein. Aus einem leeren Becher kann man nicht trinken, daher ist es meine Priorität, mein Glas zuerst zu füllen.

Beispiel 5

Alter Glaubenssatz: Es ist so schwierig, meine Glaubenssätze zu lösen und zu drehen.

Neuer Glaubenssatz: Ich erlaube mir, dass es leicht gehen darf und dass es mir Spaß macht. Ich nehme meine Glaubenssätze (GS) mit Humor. Je öfter ich meine GS bemerke, umso leichter wird es, sie endgültig loszulassen. Wie geht es leicht?

DEINE AUFGABE FÜR DIE NÄCHSTEN WOCHEN & MONATE

Markiere auf allen Kanälen (Denken, Sprechen, Schreiben, Fühlen) deine Aussagen mit (A) wie Aussage oder (GS) für Glaubenssatz. Mache dir bewusst, was du den ganzen Tag so denkst oder worüber du mit anderen sprichst, denn ein großer Teil der Gedanken und der zwischenmenschlichen Kommunikation läuft einfach unbewusst ab. Glaubenssätze sind auch das, was wir in Worte fassen. Gesprochene Sprache hat noch mal eine realere Ebene.

Also wenn du etwas denkst oder sagst: Mental ein (A) hinter deine Aussagen setzen.

Bei Notizen im Journal ein (A) schreiben für eine Aussage oder ein (GS); wie gerade beschrieben, ist es im Endeffekt das Gleiche, zwei Seiten einer Medaille sozusagen. Diese Markierungen führen zu mehr Bewusstsein und so zu Transformation. Mache dir keinen Kopf darüber, ob es sich um eine Aussage oder einen Glaubenssatz handelt. Im Endeffekt ist das, was da gerade in dir denkt, deine Realität, und diese beeinflusst dich täglich. Wenn du etwas verändern möchtest, brauchst du im ersten Schritt deine Wahrnehmung und mehr Bewusstsein.

Wenn du ein paar Wochen lang deine Aussagen und Glaubenssätze markiert hast, wird dir schon einiges aufgefallen sein, vielleicht sind dir auch einige Dinge klarer geworden. Notiere deine Erkenntnisse aus dieser Selbstreflexion.

Du nimmst also wahr, welche Gedankengänge du im Laufe deines Lebens wiederholt und damit in deinem System verankert hast. Nun geht es darum, mit diesem neuen Bewusstsein neue Entscheidungen zu treffen und zu hinterfragen, ob dir dein aktuelles Denken, die Aussagen, die du triffst, und die Gespräche, die du mit anderen führst, dienlich sind für die Erreichung deiner Ziele. Begegne dir selbst eher mit offenen Fragen. Dabei geht es nicht darum, sofort eine neue Antwort zu finden, sondern um einen neuen Raum für positive Veränderung.

KEIN PERFEKTIONISMUS, SONDERN **HOFFNUNGSVOLLES DENKEN**

„Gemacht ist besser als perfekt." Perfekt sein zu wollen – so positiv es auch klingt, dank unserer auf allen Ebenen nach Perfektionismus strebenden Gesellschaft, danke dafür – ist nicht das Gleiche wie deine Selbstoptimierung. Danach zu streben, perfekt sein zu wollen, ist nicht dasselbe wie das Beste aus dir rauszuholen.

Hinter Perfektionismus versteckt sich häufig Scham oder die Angst, nicht gut genug zu sein. Du glaubst, wenn du perfekt aussiehst, dich perfekt verhältst, die perfekte Arbeit machst, schützt du dich vor Schuldzuweisungen, harten Urteilen oder Kritik. In Wahrheit bewahrst du dich davor, dich dafür zu schämen, wer du bist oder was du sagst.

Was hilft: hoffnungsvolles Denken. Wann immer du etwas Neues, Beängstigendes oder Einschüchterndes in deinem Leben angehst, mach dir klar, was du alles schon gemacht und gemeistert hast.

→ Du weißt, dass du schon einiges geschafft und gemeistert hast.

→ Du weißt, dass du, wenn du hinfällst, auch wieder aufstehen kannst.

Reduziere perfekt auf GEMACHT. Dabei hat mir das Pareto-Prinzip geholfen – bei dem es darum geht, Perfektionismus loszulassen: Was sind 20 % der Dinge und Leute, die für 80 % deiner Ergebnisse sorgen? Was ist umsatzrelevant? Trenne dich von den 20 %, die für 80 % deiner Probleme sorgen. Fokussiere dich auf die 20 %, die für 80 % deiner Erfolge sorgen.

Manche Menschen verwenden 80 % ihrer Zeit für Perfektionismus und könnten ohne ihn viel schneller und weiter vorwärtskommen.

FRENQUENZ ANGST **UND FREQUENZ FÜLLE**

Um meinen Klient*innen näherzubringen, wie ihre innere (oft unbewusste) Einstellung ihr Leben beeinflusst, stelle ich ihnen gerne einen Vergleich vor, der mir selbst sehr geholfen hat, jeden Tag bewusst zu entscheiden, worauf ich mich ausrichten möchte.

Stell dir vor, dein Geist ist wie ein Radio, das zwischen zwei Sendern hin- und herschalten kann. Auf dem einen Sender, FM, empfängst du die Frequenz der Fülle, während auf dem anderen, AM, die Frequenz der Angst ausgestrahlt wird. FM gibt es auch im Radio, dort läuft die Musik, und auf AM empfängst du nur Rauschen und keine Musik.

Jeder Gedanke, jedes Gefühl und jede Handlung senden eine bestimmte Frequenz aus. Wenn du dich auf der Angst-Frequenz befindest, ziehst du automatisch mehr Angst und Mangel in dein Leben. Doch wenn du dich auf die Fülle-Frequenz einstellst, empfängst du stattdessen mehr Fülle.

Mindset Radiovergleich – deine Frequenz verändern

→ FM Fülle-Frequenz – Fülle anziehen

→ AM Angst-Frequenz – Mangel anziehen

Wenn ich mich auf der Angst-Frequenz befinde, kann ich nichts empfangen, was auf der Fülle-Frequenz ist. Wenn ich auf AM bin, kann ich FM nicht empfangen. Ich muss erst „den Schalter“ drücken, um wieder in die FM-Frequenz, in die Fülle zu kommen.

Zum Beispiel beim Thema Verkaufen: Meine Klient*innen empfinden es oft als sehr herausfordernd, ihre Angebote zu verkaufen, weil sie Angst davor haben, abgelehnt zu werden oder zu aufdringlich zu wirken. Erfolgreich Verkaufen hat ganz viel mit deiner inneren Haltung zu tun. Wenn ich auf der Angst-Frequenz bin, dann hilft mir die beste Business- oder Verkaufsstrategie nicht. Der Vibe ist stärker. Dann haben wir das Gefühl, ich mache so viel, warum kauft keiner bei mir? Wir sind genervt, weil wir denken, alle anderen sind super Verkäufer*innen und ich nicht.

Sei ehrlich zu dir selbst. Du darfst diesen Schalter immer wieder drücken.

Du darfst den Hebel immer wieder umlegen auf FM, die Fülle-Frequenz. Dies hat ganz viel mit Bewusstsein zu tun. Frage dich immer wieder den Tag über, wie bin ich gerade eingestellt: Denke ich gerade optimistisch in einer Fülle-Frequenz, oder denke ich eher pessimistisch, negativ in einer Angst-Frequenz? Solltest du feststellen, dass du gerade in der Angst unterwegs bist, nimmst du das einfach nur wahr, ohne zu beurteilen. Das ist ganz wichtig, denn Selbstverurteilung bringt uns nie weiter. Allein durch deine Aufmerksamkeit und dein Bewusstsein und dann die Entscheidung, dich wieder bewusst optimistisch auszurichten, reicht, um einen positiven Einfluss zu nehmen.

AUSSAGEN MIT **„NIE" UND „IMMER"**

In der Welt der Kommunikation gibt es Aussagen, die mit den Wörtern „nie" und „immer" formuliert werden. Doch trotz ihres scheinbaren Nachdrucks müssen wir vorsichtig sein, solche Äußerungen als absolute Wahrheiten anzunehmen. Tatsächlich sind sie eher Ausdruck einer individuellen Ansicht oder eines subjektiven Empfindens.

Menschen neigen in emotional geladenen Momenten oder um ihre Meinungen zu unterstreichen, zu absoluten Formulierungen. Beispielsweise sagen wir möglicherweise: „Ich werde das nie verstehen" oder „Du tust immer dasselbe". Doch in der Realität sind solche Aussagen selten zu 100 % zutreffend.

Der Grund dafür liegt in der Komplexität des Lebens und den individuellen Erfahrungen, die jeder von uns macht. Jeder Mensch hat seine eigene Perspektive und Lebensgeschichte, die seine Meinungen und Überzeugungen prägen. Was für eine Person „nie" der Fall ist, kann für eine andere durchaus anders sein.

Zudem sind wir als Menschen auch wandelbar und lernen aus Erfahrungen. Was wir heute als „immer" wahrnehmen, kann sich morgen ändern, wenn sich unsere Sichtweisen und Umstände verändern.

Es ist wichtig, sich bewusst zu sein, dass Aussagen mit „nie“ und „immer“ oft mehr über die emotionale Verfassung und momentanen Überzeugungen der Person aussagen, die sie äußert, als über objektive Realitäten. Indem wir offen bleiben und verschiedene Perspektiven berücksichtigen, können wir Missverständnisse vermeiden und zu einer konstruktiveren Kommunikation beitragen.

In einer Welt, die von Vielfalt geprägt ist, sollten wir uns gegenseitig respektieren und verstehen, dass unsere individuellen Ansichten und Erfahrungen uns einzigartig machen. Lasst uns daher vorsichtig sein mit Aussagen wie „nie“ und „immer“ und stattdessen Raum für Toleranz und Offenheit schaffen, auch sich selbst gegenüber.

Dieser bewusste Umgang mit Sprache und Gedanken ist auch ein wichtiger Aspekt der Resilienz. Indem wir uns von negativen Selbstbeurteilungen wie „Ich versage immer“ oder „Ich werde das nie schaffen“ lösen und stattdessen offen bleiben für Veränderung und Wachstum, stärken wir unsere Fähigkeit, mit Herausforderungen umzugehen und uns anzupassen. Resilienz bedeutet, flexibel zu sein und sich trotz Rückschlägen weiterzuentwickeln, anstatt in starren Überzeugungen gefangen zu sein.

SCHEITERN, SCHAM **UND SCHULD**

Scheitern, Scham und Schuld sind regelrechte Energiediebe. Sie können uns daran hindern, unsere volle Wahrheit auszusprechen und unser Leben nach unseren eigenen Vorstellungen zu gestalten. Gerade Scham und Schuld schwingen auf niedrigsten Frequenzen.

Scham heißt: Du hast etwas nicht richtig gemacht und denkst „Ich kann etwas nicht richtig“, du koppelst das Thema mit grundsätzlichen Urteilen und denkst „Ich bin nicht gut genug“. Die Angst vor dem Scheitern ist der Scham vorgelagert.

Es ist an der Zeit, diese Blockaden zu durchbrechen und uns zu ermutigen, unsere wahre Authentizität auszuleben! Lasst uns aktiv, bewusst und wahrnehmend werden, unsere Werte und Vorstellungen annehmen und Einschränkungen, Imitationen sowie Limitationen hinter uns lassen.

SCHEITERN

Oft fürchten wir uns vor dem Scheitern, weil es mit negativen Emotionen wie Enttäuschung und Frustration verbunden ist. Aber wisst ihr was? Scheitern ist keine Niederlage, sondern ein Sprungbrett zum Erfolg! Es ermöglicht uns, aus unseren Fehlern zu lernen, stärker zu werden und unsere Ziele mit mehr Weisheit und Entschlossenheit zu verfolgen. Also lasst uns den Mut haben, Risiken einzugehen, Fehler zu machen und immer wieder aufzustehen!

SCHAM – UMARME DEINE EINZIGARTIGKEIT

Manchmal fühlen wir uns unsicher und schämen uns für unsere vermeintlichen Schwächen oder Fehler. Aber wisst ihr was? Diese Unterschiede und vermeintlichen Makel machen uns einzigartig und wunderschön! Es ist an der Zeit, unsere Individualität zu umarmen, mit stolzgeschwellter Brust durch die Welt zu gehen und unsere Stimme zu erheben. Lasst uns unsere Einzigartigkeit feiern und uns von der Angst vor Scham befreien!

SCHULD – ERLAUBE DIR SELBST, LOSZULASSEN UND ZU WACHSEN

Die Last der Schuld kann uns daran hindern, unsere volle Wahrheit auszusprechen. Aber wisst ihr was? Jeder von uns macht Fehler, und wir alle verdienen Vergebung, vor allem durch uns selbst. Lasst uns die Vergangenheit loslassen, uns selbst verzeihen und uns auf das konzentrieren, was vor uns liegt. Die Erfahrungen, die wir gemacht haben, haben uns geformt und uns stärker gemacht. Es ist Zeit, unsere Flügel auszubreiten und uns von der Schuld zu befreien, um zu wachsen und zu erblühen!

Fazit: Es ist an der Zeit, eure volle Wahrheit auszusprechen, euer Leben nach euren eigenen Vorstellungen zu gestalten und eure einzigartige Essenz zu entfalten. Lasst uns gemeinsam Scheitern, Scham und Schuld überwinden, um unsere Energiequellen freizusetzen und eine aktive, bewusste und wahrnehmende Haltung im Leben einzunehmen. – Seid mutig, seid authentisch, seid ihr selbst! Die Welt wartet darauf, euer strahlendes Licht zu sehen!

WARUM DU DEINE ENERGIE **NICHT „HOCHHALTEN“ MUSST**

Weißt du, welche eine der häufigsten Fragen ist, die ich gestellt bekomme?

Es ist diese: „Julia, wie hältst du deine Energie hoch?“ – und da muss ich schmunzeln. Energie ist nicht immer oben. Ich weine, ich bin wütend, Dinge funktionieren nicht … normal. Kenne ich. Habe ich. Nur was ist der Unterschied?

Was hat mich da hingebracht, wo ich heute stehe, mit einem 5- und 6-stelligen Monatseinkommen, nur noch Lieblingskund*innen und einem topfitten gesunden Körper?

Der Unterschied ist, dass ich es immer trotzdem gemacht habe … MIT den Ups and Downs. MIT den Emotionen. MIT der Angst. Ich habe Coachings außerhalb meiner Komfortzone gebucht – MIT der Angst, dass irgendetwas schiefgehen könnte. Ich habe NEIN gesagt zu Menschen, Momenten, Interessenten – UND mich dabei kurz unangenehm gefühlt. Ich habe auf Social Media meine Wahrheit ausgesprochen, auch WENN sich mal ein Hater verirrt hat (ein Hoch auf den Blockier-Button).

Es geht einfach darum, deinen Weg weiterzugehen. Und dabei nicht auf demselben Plateau stehen zu bleiben, sondern eben auch die Anstrengung der nächsten Etappe zu nehmen. Wo darfst du radikal hinschauen, auch wenn es etwas wehtut?

07

NACHBEREITUNG DIESES KAPITELS

1. Baue die „Achtsamkeitsübung zur Akzeptanz" in deinen Alltag ein, wenn du innere Unterstützung brauchst oder dich besser fühlen möchtest. Diese Atemtechnik kombiniert mit „Akzeptieren" beim Einatmen und „Korrigieren" beim Ausatmen führt dazu, deinen Ist-Zustand und die aktuelle Situation anzuerkennen, ohne Widerstand oder Ablehnung. Indem wir uns selbst und unsere Lebenssituation vollständig akzeptieren, öffnen wir uns für Veränderung und Entwicklung. Die Transformation beginnt, wenn wir uns erlauben, den gegenwärtigen Moment in liebevoller Hingabe anzunehmen.

2. Stärke dein Selbstwertgefühl, denn ein starkes Selbstwertgefühl ist der Schlüssel zur Bewältigung von Rückschlägen und Krisen. Die Selbstwert-Übung lädt uns ein, eine Liste unserer Erfolge, liebenswerten Eigenschaften und äußeren sowie inneren Schönheiten zu erstellen. Indem wir uns selbst anerkennen und würdigen, bauen wir ein gesundes Selbstwertgefühl auf.

3. Grenzen setzen und Selbstfürsorge: In einer Gesellschaft, die oft auf Konkurrenz und Aufopferung basiert, ist es wichtig, klare Grenzen zu setzen und sich selbst zu achten. Die Übungen zur Selbstfürsorge, wie das Führen eines Tagebuchs und das Blockieren von Zeit für sich selbst, helfen uns dabei, unsere eigenen Bedürfnisse zu erkennen und zu priorisieren.

4. Einladung zur Selbstliebe: Außerdem lade ich dich dazu ein, dich selbst wie deine beste Freundin zu behandeln. Öffne dein Herz der Liebe und Wertschätzung dir selbst gegenüber und erkenne dich als das wundervolle Wesen an, das du bist. Jeder Schritt auf diesem Weg ist eine Reise, die mit Tiefen und Höhen einhergeht, doch jeder Schritt bringt uns näher zur Stärkung unseres inneren Selbst.

08

DRANBLEIBEN FÜR VERÄNDERUNG

Der erste Schritt, um irgendwohin zu gelangen, besteht darin zu entscheiden, dass du nicht bereit bist, dort zu bleiben, wo du gerade bist. Der zweite Schritt besteht darin weiterzugehen.

DIE KRAFT DER POSITIVEN EMOTIONEN: RESILIENZ DURCH SELBSTFÜRSORGE

Im letzten Kapitel möchte ich dir einerseits zeigen, wie du dich langfristig motivieren kannst, deine Emotionen zu regulieren, achtsam zu sein und mehr positive Emotionen in dein Leben zu integrieren. Andererseits möchte ich dich ermutigen, dir weiterhin Zeit für dich und deine Selbstfürsorge auf deiner Reise der Resilienz zu nehmen.

Ein hilfreiches Instrument hierbei ist die Emotionale Leitskala (nach Abraham Hicks, Gesetz der Anziehung), die Emotionen und Gefühle, basierend auf ihrer energetischen Schwingung, ordnet. Dabei gilt: Emotionen wie Freude und Liebe schwingen auf einer höheren Frequenz als Zweifel oder Sorgen. Indem du dich bewusst mit Dingen beschäftigst, die dir Freude bereiten und die du liebst, erhöhst du deine eigene energetische Schwingung und bringst mehr Positivität in dein Leben.

Es ist wichtig zu erkennen, dass auch die negativen Aspekte des Lebens – der „Schatten" – dazugehören. Indem du dich jedoch auf die positiven Seiten fokussierst und bewusst Freude in dein Leben bringst, kannst du einen Weg finden, mit den Herausforderungen umzugehen und deine Resilienz zu stärken.

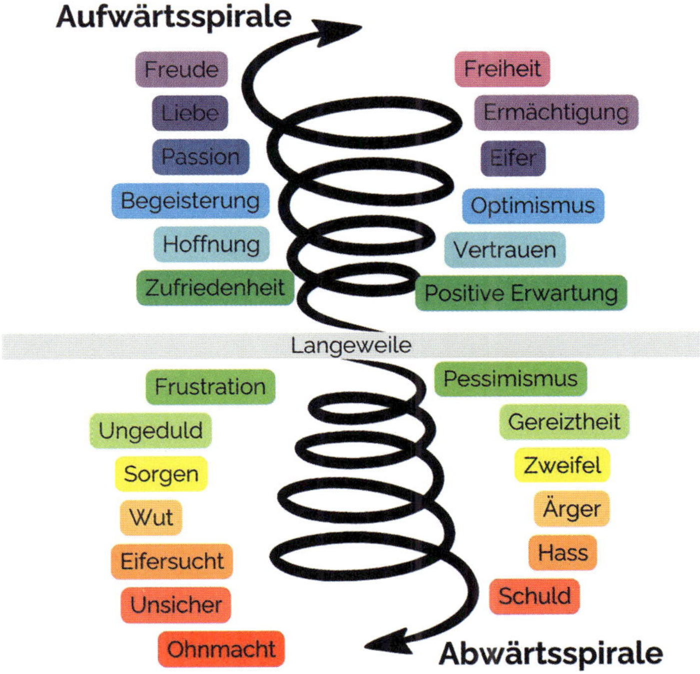

AUFGABE:
FRAGEN, DIE DEIN LEBEN BEREICHERN

Erstelle eine Liste mit Dingen, die dir Freude bereiten und die du liebst. Es kann schwierig sein, sich zu erinnern, was einem wirklich Freude bereitet. Dennoch ist es wichtig, sich jeden Tag zu fragen, was einem Freude macht, um sein Leben proaktiv zu gestalten.

Zu den einzelnen Gefühlen kannst du dir Fragen stellen. Ich habe ein paar Fragen für dich aufgelistet, gerne kannst du sie durch eigene Fragen zu den positiven Gefühlen ergänzen.

? Was bereitet mir Freude? Was würde mir jetzt Spaß machen?

? Was würde mich heute glücklich machen?

- Wo fühle ich Liebe? Wie kann ich heute Liebe schenken?
- Wobei fühle ich mich frei? Wie kann ich mehr Freiheit in meinem Leben erfahren?
- Wie kann ich mich selbst heute wertschätzen? Wie kann ich heute für mich selbst sorgen und mich ermächtigen?
- Wann empfinde ich Leidenschaft?
- Was begeistert mich?
- Wann empfinde ich Glückseligkeit?
- Wie kann ich noch mehr an mich glauben?
- Wie kann ich heute optimistischer denken?
- Was schenkt mir Hoffnung?
- Wie kann ich heute mit mir zufrieden sein?
- Wie kann ich heute auch Langeweile genießen?
- Usw. (werde gerne selbst kreativ und überlege dir eigene Fragen)

Langeweile ist nichts Schlimmes, sondern die neutrale Mitte und eine Gelegenheit für Wahrnehmung, Ruhe, erholsame Pausen, Zeit zum Durchatmen und einfach mal nur sein. Viele Menschen hetzen heutzutage von einem Termin zum nächsten. Ich möchte dich dazu einladen innezuhalten, wenn dir langweilig ist, und dich nicht ablenken zu lassen, zum Beispiel durch dein Handy. Oft entsteht in Langeweile Kreativität, und man hat gute Einfälle, die einen voranbringen. Lasse sie zu.

WARUM ES MANCHMAL SO SCHWER IST, SICH NACHHALTIG ZU VERÄNDERN

Zum Abschluss dieses Buches möchte ich dich dazu ermutigen, dranzubleiben und weiterhin an deiner Resilienz und Achtsamkeit dir selbst gegenüber zu arbeiten. Denn ca. 86 % der Menschen sagen zwar, sie würden was verändern, tun es aber nicht. Nur ca. 14 % setzen die positiven Veränderungen auch nachhaltig um. Deswegen möchte ich dir eine letzte Studie vorstellen, die zeigt, warum viele Menschen ihr Verhalten nicht verändern, selbst wenn ihr Leben auf dem Spiel steht. Und ich möchte dir die drei wichtigsten Schritte für nachhaltige Veränderung vorstellen, damit du alle deine persönlichen Herzensziele erreichen kannst.

IMMUNITY **TO CHANGE**

Die Studie „Immunity to change" von Robert Kegan und Lisa Lahey aus dem Jahr 2009 untersucht die Gründe, warum Menschen oft Schwierigkeiten haben, Veränderungen in ihrem Verhalten umzusetzen, selbst wenn sie sich dessen bewusst sind, dass es für sie von Vorteil wäre. Dieses Experiment an der Harvard-Universität ist ein eindrucksvolles Beispiel für die Macht der unbewussten Überzeugungen und inneren Widerstände, die Veränderungen blockieren können. Die Teilnehmer dieser Studie waren herzkrank, sie hatten alle die Diagnose, dass sie innerhalb eines Jahres sterben würden, wenn sie nichts an ihrem Lebensstil verändern würden, um ihre Gesundheit zu verbessern. Sie sollten drei Maßnahmen durchführen, um ihre Gesundheit zu verbessern. Zum einen die Einnahme eines Medikaments ohne Nebenwirkungen, zudem eine Ernährungsumstellung und zum anderen regelmäßige körperliche Bewegung. Obwohl alle Teilnehmer angaben, bereit zu sein, diese drei Maßnahmen umzusetzen, waren es tatsächlich am Ende nur 14 % der herzkranken Teilnehmer, die die Maßnahmen auch wirklich umsetzten.

Um die Gründe für diese Diskrepanz zu verstehen, führten die Forscher*innen Befragungen durch. Sie fragten die Proband*innen, warum es ihnen so schwer fiel, moderat Sport zu machen und gesünder zu essen. Daraufhin bekamen sie Aussagen zu hören wie „Ich habe es vergessen". Dann fragten sie die Teilnehmer*innen, warum sie ihr Medikament nicht einnahmen. Die Antworten waren Ausreden wie „Ich esse außerhalb und vergesse, mein Medikament einzunehmen". Dann änderten die Forscher*innen ihre Herangehensweise und fragten stattdessen: „Was würde passieren, wenn Sie Ihr Medikament einnehmen würden?" Diese Frage löste eine überraschende Reaktion bei den Teilnehmer*innen aus. Sie begannen plötzlich, tiefer darüber nachzudenken, warum ihnen eine Veränderung so schwer fiel. Einige gaben an, dass sie befürchteten, wie ihre kranken Eltern zu werden: „Wenn ich das Medikament einnehme, dann bin ich wie mein kranker Vater." Diese unbewussten Überzeugungen waren so stark, dass sie die Teilnehmer*innen daran hinderten, die notwendigen Maßnahmen für ihre Gesundheit zu ergreifen, obwohl sie sich der potenziell tödlichen Konsequenzen keiner Veränderung bewusst waren.

Das Experiment verdeutlicht die Bedeutung der inneren Glaubenssätze und Überzeugungen sowie der unbewussten Ängste bei der Veränderung von Verhaltensweisen. Es zeigt auch, wie wichtig es ist, sich diese inneren Barrieren bewusst zu machen, anzuerkennen/zu akzeptieren und nachhaltig anders zu handeln/neue gesunde Routinen zu etablieren, um erfolgreiche Veränderungen zu ermöglichen.

DIE 3 SCHRITTE FÜR NACHHALTIGE VERÄNDERUNG

1. Wahrnehmung

2. Akzeptanz/Annahme

3. Handlung/Veränderung/neue gesunde Routinen im Leben etablieren

Es klingt so simpel, doch viele Menschen nehmen nicht einmal wahr, was los ist, sie verdrängen oder unterdrücken. Daher ist der erste Schritt die Wahrnehmung dessen, was ist. Der zweite Schritt ist für mich persönlich der schwierigste; in diesem Schritt geht es darum, sich einzugestehen und zu akzeptieren, dass man ein Thema hat wie Angst, ungesundes Verhalten, ein niedriges Selbstwertgefühl oder den Körper, den man jetzt gerade hat. Sich selbst anzunehmen und die aktuelle Situation zu akzeptieren, ist definitiv nicht immer einfach. Oft wollte ich in meinem Leben diesen zweiten Schritt überspringen von der Wahrnehmung direkt zur Veränderung, ohne mir einzugestehen, z. B. wie verletzt ich war oder wie hart eine Zeit sich auf mein Innenleben ausgewirkt hatte. Ich veränderte es einfach, indem ich alle Hebel in Bewegung setzte. Doch wenn wir Schritt zwei überspringen, kann es passieren, dass Themen wiederkommen, daher ist der zweite Schritt enorm wichtig. Nach der Akzeptanz folgt erst ein neues Verhalten, und neue Entscheidungen folgen auf die Taten, die zu nachhaltiger Veränderung führen.

Wahrnehmung: Dieser Schritt beinhaltet die bewusste Erkenntnis der aktuellen Situation sowie der damit verbundenen Emotionen, Gedanken und Verhaltensweisen. Wahrnehmung bedeutet, sich selbst und die Umgebung zu betrachten und zu reflektieren. Es geht darum, die Realität zu sehen und sich bewusst zu machen, was jetzt gerade ist.

Akzeptanz/Annahme: Nachdem die Wahrnehmung stattgefunden hat, folgt die Akzeptanz oder Annahme der Situation. Dies bedeutet, die Realität anzuerkennen, wie sie ist, ohne sie zu leugnen oder zu bekämpfen. Es beinhaltet auch die Anerkennung der eigenen Gefühle, Gedanken und Verhaltensweisen, ohne sich selbst zu verurteilen. Akzeptanz ermöglicht es, Frieden mit der gegenwärtigen Realität zu schließen und von dort aus Veränderungen anzustreben.

Handlung/Veränderung: Nachdem Wahrnehmung und Akzeptanz stattgefunden haben, folgt die Handlung oder Veränderung. Dies beinhaltet das bewusste Setzen von Zielen und die Umsetzung von Strategien, um positive Veränderungen herbeizuführen. Es kann bedeuten, gesunde Gewohnheiten zu etablieren, alte Muster loszulassen oder neue Wege zu finden, um mit Herausforderungen umzugehen. Handlung ist der Schritt, in dem die eigentliche Transformation stattfindet.

Hier sind Beispiele für jeden der drei Schritte, die sich für nachhaltige Veränderung ableiten lassen:

1 Wahrnehmung:

Beispiel: Eine Person möchte ihre Stressbewältigung verbessern. Der erste Schritt besteht darin, ihre aktuelle Stressbelastung zu erkennen und zu verstehen. Dafür könnte sie eine Woche lang ein Stress-Tagebuch führen, in dem sie notiert, was sie stressig findet, wie sie darauf reagiert und wie sie sich dabei fühlt. Durch diese Wahrnehmung erhält sie einen besseren Einblick in die Ursachen ihres Stresses und ihre Reaktionen darauf.

2 Akzeptanz/Annahme:

Beispiel: Nachdem die Person ihre Stressfaktoren identifiziert hat, kommt der nächste Schritt: die Akzeptanz. Sie erkennt an, dass Stress ein natürlicher Bestandteil des Lebens ist und dass es normal ist, darauf zu reagieren. Sie akzeptiert auch, dass einige Stressoren außerhalb ihrer Kontrolle liegen und dass sie nicht perfekt sein muss, um damit umzugehen. Durch diese Annahme entwickelt sie Mitgefühl für sich selbst und eine realistischere Einstellung zum Stress.

3 Handlung/Veränderung:

Beispiel: Nachdem die Person ihre Stressfaktoren wahrgenommen und akzeptiert hat, ist sie bereit, konkrete Schritte zur Veränderung umzusetzen. Sie entwickelt Strategien, um mit Stress besser umzugehen, wie zum Beispiel regelmäßige Pausen einzulegen, Atemübungen zu machen oder Zeit für Entspannung einzuplanen. Sie setzt sich realistische Ziele, die sie nach und nach erreichen kann, und bleibt dabei flexibel, falls Anpassungen nötig sind. Durch diese Handlungen beginnt sie, nachhaltige Veränderungen in ihrem Umgang mit Stress zu erleben.

Diese Beispiele verdeutlichen, wie die drei Schritte – Wahrnehmung, Akzeptanz/Annahme und Handlung/Veränderung – miteinander verbunden sind und zusammenwirken, um nachhaltige Veränderungen im Leben zu ermöglichen.

ATEM-ACHTSAMKEIT MIT **AKZEPTIEREN & KORRIGIEREN**

Im vorherigen Kapitel hast du bereits einige Tools und Denkansätze kennengelernt, die dir bei diesen drei Schritten helfen können. Ein besonders unterstützender Ansatz ist die Atemtechnik „Einatmen – Akzeptieren und Ausatmen – Korrigieren". Diese effiziente und heilsame Übung unterstützt dich dabei, deine Emotionen und Empfindungen zu regulieren und deinem Körper heilsame Impulse zu geben.

Hier eine Kurzanleitung zu Akzeptieren und Korrigieren:

Nimm dir einen Moment Zeit, tief einzuatmen und dich zu entspannen. Konzentriere dich auf dein Einatmen und denke dabei an „Akzeptieren". Lass diesen Gedanken von deinem Gehirn in deine Wirbelsäule wandern.

Konzentriere dich auf dein Ausatmen und denke dabei an „Korrigieren". Lass diesen Gedanken von deinem Gehirn in deine Wirbelsäule wandern.

Dann wiederhole diesen Vorgang ein paar Mal und akzeptiere dabei deine Gefühle, deine Wahrnehmung und auch deinen Körper im Hier und Jetzt. Akzeptiere alle deine inneren Bilder zu dem Thema.

Diese Atemübung, verbunden mit einem klaren Kommando für dein Unterbewusstsein, hilft deinem Körper und Geist, sich wieder auf Heilung, Gesundheit und Balance auszurichten.

BEWUSSTSEIN UND **FRAGEN STELLEN**

Markiere deine Aussagen in Gedanken, Gesprächen und Schreiben mit (A) für Aussage oder (GS) für Glaubenssatz. Vieles passiert automatisch oder unbewusst, manchmal übernehmen wir auch Gedanken und Meinungen anderer Menschen, die uns nicht guttun. Besonders beim Sprechen oder Schreiben: Setze ein (A) für Aussage oder ein (GS) für Glaubenssatz dahinter. Diese einfache Praxis schafft mehr Bewusstsein und ermöglicht Transformation.

Dann hinterfragst du deine Gedanken: Stelle dir Fragen, statt nur Aussagen zu machen.

Mit Fragen eröffnest du neue Räume für weitere Möglichkeiten:

- ? Will ich das glauben?
- ? Dient diese Aussage mir?
- ? Dient diese Aussage der größten Version meiner Selbst?
- ? Was ist die größte/beste Version meiner Selbst? Was ist die größte/beste Version meines Lebens?
- ? Wie möchte ich es haben?
- ? Wie geht es leicht?
- ? Was möchte ich wirklich? Was möchte ich stattdessen glauben?

HOFFNUNGSVOLLES **DENKEN**

Wann immer du etwas Neues, Beängstigendes oder Einschüchterndes in deinem Leben angehst, mach dir klar, was du alles schon gemacht und gemeistert hast.

→ Du weißt, dass du schon einiges geschafft und gemeistert hast.

→ Du weißt, dass du, wenn du hinfällst, auch wieder aufstehen kannst.

> **Erinnerung:** Im Mitgliederbereich unter www.seelenschokolade.de findest du geführte Meditationen, Anleitungen und Audios sowie Videos zu den verschiedenen Praktiken.

ABSCHLUSSWORTE

In diesem Buch haben wir die verschiedenen Aspekte der Resilienz erkundet – von der Selbstfürsorge über die Bewältigung von Stress bis hin zur Entwicklung positiver Denkmuster. Resilienz ist mehr als nur eine Sammlung von Fähigkeiten. Es ist eine Lebenseinstellung, eine Art und Weise, wie wir die Welt und uns selbst sehen.

Dranbleiben ist eine zentrale Komponente der Resilienz. Es geht darum, trotz aller Widrigkeiten und Herausforderungen, die das Leben uns entgegenwirft, nicht den Mut zu verlieren und unseren Weg konsequent weiterzugehen. Es bedeutet, sich immer wieder aufzurappeln, auch wenn wir straucheln, und unbeirrt auf unsere Ziele hinzuarbeiten.

Selbstfürsorge, Resilienz und Transformation sind keine einmaligen Ereignisse, sondern ein fortwährender Prozess. Wie ein Auto, das regelmäßig gewartet werden muss, um optimal zu funktionieren, brauchen auch dein Geist und deine Seele regelmäßige Pflege und Aufmerksamkeit. Finde gesunde Routinen, die dir helfen, deine Resilienz zu stärken und dich in deinem Alltag zu unterstützen.

? Welche Strategien, Tools und Übungen aus diesem Buch möchtest du weiterhin in deinen Alltag integrieren?

? Wie möchtest du dir Zeit für dich, deine Resilienz und dein Wohlbefinden einräumen? (z. B. indem du feste „Dates mit dir selbst" jede Woche in deinen Kalender einträgst. Mamas können z. B. fest eine Babysitterin einplanen für ihre Me-Time)

Integration bedeutet, Veränderung im Kopf zu schaffen. Es erfordert, alte Denkmuster zu überwinden und Platz für neue, konstruktive Gedanken zu schaffen. Sei dir deiner inneren Widerstände und Ängste bewusst, aber lass sie nicht die Oberhand gewinnen. Regelmäßige Reflexion ist der Schlüssel, um deine Fortschritte zu erkennen und die notwendigen Anpassungen vorzunehmen.

Erinnere dich an deine Intention zu Beginn dieser Reise. Was hat dich dazu bewogen, dieses Buch aufzuschlagen und dich mit dem Thema Resilienz auseinanderzusetzen? Erinnere dich an deine Gefühle damals – die Hoffnung, die Neugier, vielleicht sogar die Unsicherheit.

Schau nun zurück auf den Weg, den du seitdem zurückgelegt hast.

? Was hast du gelernt? Welche Herausforderungen hast du gemeistert? Wie fühlst du dich jetzt im Vergleich zu vorher?

Jetzt ist es an der Zeit dranzubleiben. Möge dieses Buch nicht nur eine Quelle der Inspiration sein, sondern auch eine konstante Erinnerung daran, dass du die Kraft hast, deine Realität zu formen. Sei ein Magnet für das, was du in deinem Leben anziehen möchtest. Verkörpere die Werte und Eigenschaften, die dir wichtig sind, und lass dich nicht von Rückschlägen entmutigen.

Dranbleiben bedeutet, jeden Tag einen Schritt nach vorne zu machen, auch wenn es manchmal nur ein kleiner Schritt ist. Es bedeutet, dich selbst immer wieder neu zu erfinden und deine Träume zu verfolgen, egal was passiert. Denn am Ende des Tages liegt die größte Belohnung darin zu wissen, dass du dein Bestmögliches gegeben hast, dein Leben gelebt hast und auf deine Reise mit Zufriedenheit zurückblicken kannst. Lebe dich komplett – in all deinen Emotionen, Facetten und Farben.

ZUM **SCHLUSS**

Vielleicht hast du bereits Veränderungen in deinem Leben bemerkt – sei stolz auf deine Fortschritte, egal wie klein sie erscheinen mögen. Sei stolz auf dich und feiere jeden Schritt, den du gehst. Dein Tempo ist okay. Es geht hier nicht darum, einen Sprint hinzulegen, sondern um Kontinuität und Durchhaltevermögen. Ich fülle das Lebensrad alle sechs Monate aus und bin immer wieder überrascht über die Veränderungen innerhalb eines Jahres. Gerne möchte ich dir auch ans Herz legen, deinen Resilienz-Weg weiterzugehen, deine Ziele zu verwirklichen und dein Leben nach deinen Wünschen zu gestalten. Vielleicht liegt der Sinn des Lebens darin, alle unsere Tränen zu weinen und all unser Lachen zu lachen. Die Höhen und Tiefen, das Licht und die Dunkelheit, die Anstrengung und das Ausruhen – all das gehört dazu. Sei ein ganzer Mensch, lebe deine Emotionen und lasse deine Gefühle frei fließen. Halte deine Energie nicht mehr zurück. Du bist weder zu viel noch zu wenig, falls dir das mal jemand erzählt hat. Du bist wichtig und wertvoll. Ich glaube an dich und danke dir, dass du mein Buch gelesen hast. Ich hoffe von ganzem Herzen, dass du etwas Wertvolles für dich mitnehmen kannst. Wir sehen uns im Mitgliederbereich auf:

www.seelenschokolade.de

Alles Liebe und Gute,

Julia

ÜBER DIE AUTORIN

Julia Colella gründete 2013 ihr erstes Unternehmen „Seelenschokolade" als Hypnosetherapie-Praxis, um Menschen zu unterstützen und ihre Probleme an der Wurzel zu lösen. Als Wirtschaftspsychologin und ganzheitliche Business-Mentorin begleitet sie Menschen bei der Umsetzung ihrer Ziele und befähigt sie, führende Expert*innen in ihrer Branche zu werden. Julias Mission ist es, Menschen ganzheitlich zu unterstützen, damit sie ein erfolgreiches Leben in Gesundheit, Freiheit und Fülle führen können.

In ihrem Podcast „Seelenschokolade" inspiriert sie Tausende Menschen dazu, ihr Traumleben zu verwirklichen, ihr Selbstwertgefühl zu stärken und Sensibilität als Superkraft anzuerkennen. Inzwischen leitet Julia drei Unternehmen als digitale Nomadin, lebt 6 Monate im Jahr in Bali und hat zahlreichen Klient*innen geholfen, ihr Traumleben zu verwirklichen.

NOCH MEHR TOLLE BÜCHER

DEIN SEELEN-COACH

€ 20,00 (D), € 20,60 (A)

ISBN 978-3-7459-1323-1

SPARKLE AND SHINE – LEUCHTENDE ZEITEN FÜR DEINE SEELE

€ 18,00 (D), € 18,50 (A)

ISBN 978-3-7459-2156-4

IMPRESSUM

Bibliografische Information der Deutschen Bibliothek.

Die Deutsche Bibliothek verzeichnet diese Publikation in der Deutschen Nationalbibliografie.

Detaillierte bibliografische Daten sind im Internet über http://www.dnb.de/ abrufbar.

Die im Buch veröffentlichten Aussagen und Ratschläge wurden von Verfasserin und Verlag sorgfältig erarbeitet und geprüft. Eine Garantie für das Gelingen kann jedoch nicht übernommen werden, ebenso ist die Haftung der Verfasserin bzw. des Verlags und seiner Beauftragten für Personen-, Sach- und Vermögensschäden ausgeschlossen.

Bei der Verwendung im Unterricht ist auf dieses Buch hinzuweisen.

EIN BUCH DER EDITION MICHAEL FISCHER

1. Auflage 2024

Cover, Layout & Satz: Janine Kühnle, Silvia Keller

Projektmanagement und Lektorat: Franziska Witt-Klorer und Anna-Lena Prill

Autorinnenfotos: © Peter Grimmer Fotografie

ISBN 978-3-7459-2251-6

Gedruckt bei PNB Print SIA „Jansili“, Silakrogs, Ropazu novads, LV-2133, Lettland

www.emf-verlag.de